세상은 당신의 명령(책)을 기다리고 있다

김 태윤

작가는 처음이라

평범한 내 이야기도
팔리는 글이 되는

초단기
책 쓰기의 기술

작가는_
처음이라

김태윤 지음

다선북스

화장실에서 남몰래 흘린
뜨거운 눈물

2018년 어느 일요일 아침. 이곳은 강남의 모 빌딩 행사장이다. 회사 일로 출근을 했던 한 40대 남자가 화장실 한구석에 앉아 혼자 울고 있다. 그 사람은 평생소원인 작가를 꿈꾸며 내일 출판사에 보낼 출사표, 즉 투고원고 이메일 문구를 조용히 확인하고 있었다. 그러다가 갑자기 옆 칸에 사람이 있음에도 불구하고 휴지로 입을 막고 엉엉 울었다. 아마 그 남자는 고등학교 2학년 때 아버지를 여의고 난 후 30년 만에 가장 많이 울었던 거 같다.

그 남자는 왜 눈물이 났을까? 3개월 동안 가장 뜨겁고 치열

했던 시간을 감내해 준 자신에 대한 고마움이었을까? 아니면 40여 년간 콤플렉스 덩어리로 살아온 인생, 세상이 만들어 놓은 기준대로 괴물처럼 살아온 그동안의 삶에 이별을 고한 먹먹함 때문일까?

그렇다. 화장실에서 눈물을 흘린 남자는 나였다.

요즘처럼 모든 게 연결된 초연결 사회에서 만나기 가장 힘든 사람은 유명 연예인이나 스포츠 스타도 아니고 바로 '자기 자신'이라는 말이 있다. 책을 쓰는 3개월 동안 나는 철저히 나와 대면했다. 이렇게 집중해서 나의 과거를 찬찬히 돌아본 적이 있었을까? 학창 시절의 나를 소환해 어린 시절 나의 꿈에 대해 대화를 나눠보고, 사회 초년병 시절 나를 만나 보기도 하는 참 소중한 시간이었다.

책을 쓴 지난 3개월은 내가 아닌 남의 인생을 살아온 과거의 나를 반추하고, 현재를 직시하고, 미래를 고민해 보는 의미 있는 시간이었다.

나는 2018년 새해 목표로 오래전부터 내 버킷리스트 가장 위에 있던 책 쓰기를 하고자 마음먹었다. 그리고 집필을 했던 내 방 벽에 다음과 같은 문구를 여기저기 붙여 놓았다.

"이 책이 나의 눈물을 닦아 줄 것인가?"

"내 인생의 주인공은 나다"

"세상은 나의 책(명령)을 기다리고 있다"

"닥치고 쓰자!"

"이 책은 40여 년간 남들보다 느리게, 그리고 힘들게 살아온 나에게 주는 선물이다"

사실 직장생활을 병행하며 한밤중에 피곤한 몸으로 노트북을 여는 시간은 사실 고통스러웠다. 작업하는 방 여기저기 도배해 놓은 각오를 되새기는 선언문이 없었다면 나의 첫 번째 책은 세상에 나오지 못했을 것이다. 세상을 향한 출사표를 만지던 그 날 나 스스로 두 가지를 약속했다. 첫 번째는 내일 투고를 해서 출판사로부터 한 곳도 연락이 오지 않더라도 상심하지 않기로 했다. 왜냐면 책을 쓰는 모든 과정 덕분에 사십 평생 처음으로 나를 알아가는 소중한 시간이었기 때문이다. 둘째, 만약 이 책이 나온다면 다음 책으로 직장인 대상 책 쓰기 안내서를 내리라 결심했다.

시중에 출간된 책 쓰기 책은 아쉽게도 큰 도움이 되지는 못했다. 우선 콘셉트가 모호한 책들이 많았다. '노력하면 누구나 쓸 수 있다' '닥치고 써라'등 지극히 마인드셋에 기반해 주관적이고 뜬 구름 잡는 조언만 해주는 자기계발서에 가까웠다.

'선한 영향력' 등 소명의식과 정신적 가치가 무엇보다 중요하다고 생각하는 나와 좀처럼 가치관이 맞지 않았다.

또한 저자들은 대부분 나름대로 이 분야에서 내공을 갖춘 경우가 많아, 생초보의 궁금증을 시원하게 해결해 주지 못했다. 대체로 저자는 책 쓰기 학원을 운영하는 코치, 책 쓰기 출판 에이전시 관계자, 출판사 에디터였다. 기본적으로 일반 사람들은 엄두 내지 못할 많은 독서량과 출판의 흐름을 잘 알고 있는 경우가 많았다. 그래서 나는 나처럼 완전 초보들을 위한 친절한 책을 내고자 마음먹었다. 책을 통해 세상에 자신의 인생을 이야기하고 더 나아가 자신만의 가치를 전파하고자 하는 소시민들을 위해 내가 겪은 맨바닥에 헤딩했던 좌충우돌의 시간을 공유하고 싶었다. 작가를 꿈꾸는 분, 작가가 처음인 분들의 외로움과 고통을 조금이라도 덜어 드리고 싶었다.

학창 시절 선생님이 가르쳐 주면 이해가 잘 안 되는 문제도 같은 반 친구가 가르쳐주면 쉽게 이해가 되는 경우가 많다. 그 이유는 철저히 학생의 눈높이에 맞춰 설명해주기 때문이다. 나도 같은 반 친구의 마음으로 진심을 담아 예비 작가들에게 책 쓰기라는 산 정상에 오르는 방법을 최대한 쉽게, 단계별로 (작심-준비-기획-수집-집필-계약-홍보-소명) 세분화하여 알려 주고자 했다.

무엇보다 상업적이거나 동기부여 부분은 최소화하여 진짜 책 쓰기 실전서가 되고자 노력했다. 홍성대 저자가 지은 『수학의 정석』처럼 오랜 시간 책을 쓰고자 하는 사람들에게 회자되고 도움이 되는 그런 안내서 말이다. 이를 위해 조사할 수 있는 모든 온·오프라인 방법을 총동원해 자료를 수집(책 쓰기 학원 코치, 출판사 관계자, 초보 작가, 오프라인 강의, 온라인 영상 및 기사, 관련 도서 및 참고문헌 등)하고 바로 적용 가능한 사례 위주로 쉽게 정리하였다.

여러분도 자신의 이름으로 된 책 한 권이 세상에 나오기까지 어떤 어려움과 좌절을 만나게 될지 모른다. 최근 코로나 사태로 인해 직장과 가정 모두 스트레스도 가중되고 있을 것이다. 하지만 포기하지는 말자. 그리고 지금 당장 컴퓨터 전원을 켜자. 당신의 책이 자신은 물론 어느 한 사람의 인생까지 송두리째 바뀌게 될지는 아무도 모르기 때문이다. 지금 바로 3개월 일정의 '나를 찾아 떠나는 행복한 여행'에 승선하자. 그리고 이 책이 당신 여행의 시작과 끝을 함께하는 마음 따뜻하고 수다스러운 길벗이 되기를 간절히 소망해 본다. 이 책 한 권이면 당신도 어엿한 작가다!

추신. 책을 투고하고 나처럼 뜨거운 눈물을 흘릴 당신의 찬

란한 인생을 기대해 본다. 그리고 특별히 이 책이 더 단단해질
수 있게 물심양면으로 애써주신 다산북스에도 감사드린다. 또
한 오늘의 나를 있게 해 주신 오래전 홀로된 어머니와 귀한 딸
을 선뜻 주신 구미에 살고 계신 장인 장모님께도 감사를 드린
다. 또 글을 쓰는 오랜 기간 묵묵히 응원하고 힘을 불어넣어
준 이 세상에서 가장 소중한 아내와 사랑하는 딸 시현이에게
도 특별히 감사를 전한다.

2020년 9월

저자 김태윤 씀

책 쓰기의 오해와 진실

---

1. 작가는 아무나 되는 것이 아니다? 국문과나 문예 창작학과 전공이거나 신춘문예 같은 공모전에 등단해야 쓸 수 있다?

이 부분은 나도 선입견이 있었다. 문학을 전공하거나 공모전 수상 여부 등은 작가가 되기 위한 필요조건이 아니다. 또한 과거에는 유명 대학교 교수, 혜민 스님 같은 종교인, 의사나 변호사 같은 전문직 종사자, 전업 작가들이 주류를 이루었던 적이 있었다. 하지만 최근 들어 1인 크리에이터 시장이 성장하면서는 기존 저자군 외에 평범한 직장인, 전업주부, 대학생, 심지어 초등학생까지 출간할 정도로 작가층 스펙트럼이 상당히 넓어지고 두터워지고 있다. 또한 1인 출판사와 전자책 시장이 활성화되어 예전보다 작가가 되는 진입장벽이 많이 낮아졌다.

2. 글쓰기 재주는 타고난다. 이문열, 공지영, 조정래 작가 정도의 타고난 재능이 있어야 한다?

정확하게 말하면 글쓰기와 책 쓰기는 엄연히 다르다. 글

재주가 없어서 책을 쓰지 못한다고 생각하는 사람들이 있다. 하지만 책 쓰기는 누구나 할 수 있다. 현재 글을 잘 쓰지 못하더라도 상관없다. 좋은 글을 쓰기 위한 비법으로 '다독(多讀), 다작(多作), 다상량(多商量)'이라는 말이 있다. '많이 읽고, 많이 쓰고, 많이 생각하면 누구나 책을 쓸 수 있다'. 천재적 재능을 지닌 작가들을 보며 스스로 주눅들 필요는 없다. 그분들을 인정하고 존경하며 우리 앞으로 달려 나갈 때 길을 살짝 비켜드리면 된다. 우리가 이 책에서 다루는 부분은 우리의 일상을 다룬 대중서이지 성찰을 다루는 시, 소설 같은 문학 서적이 아니다.

3. 책을 쓰려면 최소 1년 이상 각고의 시간이 걸린다?

아니다. 최근 들어 주변에 책을 내는 사람들을 보면 평균 3~4개월 이내에 원고를 쓰고 있다. 물론 책을 내고자 하는 사람의 살아온 환경, 배경지식, 평소 책이나 글에 대해 얼마나 노출되어 있었는지에 따라 상대적으로 차이가 날수 있다. 자신이 쓰고자 하는 분야에 대해 신문스크랩을 하고 있거나 일정한 온·오프라인 공간에 대한 자료가 풍부하게 정리되어 있다면 훨씬 빨라질 수 있다. 보통은 자료수집에 2개월, 본문 집필 1개월, 총 3개월이면 초고를 쓸 수 있다. 잊지 말자. 책 쓰기는 단기전이다. 3개월 이내에 책을 써야 하는 이유는 현대인들의 경우 시간을 내기가 너무 바쁘기 때문이기도 하고 너무 일정이 길어지면 책을 내고자 하는 의지가 점차 줄어들 수 있다. 그보다 더 중요한 점은 일정이 길어질수록 책 쓰려고 모은 자료의 신선함이 떨어지기 때문에 속전속결로 시의성 맞는 책을 최대한 빨리 출간할 필요가 있다.

4. 지식이 해박하고 다른 사람보다 독특한 삶을 살아온 경험이 있어야 한다?

일반 사람들은 자신의 살아온 이야기를 과소평가하는 경향이 있다. 보통의 가정마다 한 가지씩은 드라마 같은 일들이 있다. 특히 사회생활을 10년 이상 한 사람이라면 이미 크고 작은 글들을 써본 경험도 있고 자신만의 영역에서 이 사회에 던지고 싶은 메시지가 분명 있을 것이다. 자신의 일상을 다룬 에세이든 직장생활의 노하우를 담은 전문서든 그 내용을 담담하게 써 내려가면 된다. 내 책을 읽어 줄 사람들은 특별한 사람이 아니다. 나와 같이 일상의 희로애락을 몸소 느끼고 아침저녁으로 지하철을 타는 소시민이다. 소시민의 마음은 우리처럼 평범한 사람들의 이야기를 통해

"사람 사는 게 다 별거 없구나"하는 생각이 들 때 이야기에 힘이 실리고 큰 울림을 줄 수 있다.

5. 최소 문학박사는 되어야 하고 더 공부하고 배우고 와서 책을 써야 한다?

우리는 유치원부터 초중고, 대학교까지 세상 그 어느 국가 국민보다 평균적으로 많이 배웠다. 지금부터는 책을 쓰면서 해당 분야에 대해 좀 더 깊이 있는 공부를 하면 된다. 책을 쓰기 위해 문학박사 수준의 어렵고 화려한 문장기술이 필요하지는 않다. 요즘은 먹고사니즘에 지친 독자들에게 어려운 문장의 책은 오히려 손이 덜 간다. 쉽고 가벼운 문장에 대중들이 반응하는 시대다. SNS의 공감 가는 글귀가 베스트셀러가 되고, 유튜버들의 감동적인 콘텐츠가 책이 되는 시대다.

6. 명품 글은 일필휘지(一筆揮之)에서 나온다고 생각한다?

일반적으로 작가들은 거침없이 한 번에 쭉 쓴다고 착각하는 사람들이 많다. 하지만 대부분의 작가가 몇 번을 고치고 또 고치다가 마감 시간이 임박해 어쩔 수 없이 제출하는 경우가 많다. 특히 우리가 주로 다루는 대중서는 천재적 머리보다 책 쓰기를 위해 찾아둔 관련 자료를 토대로 쓴다. 관련 서적과 경쟁서는 내 책을 쓸 때 참고자료가 되고 많은 영감을 주기 때문에 책 쓰기에 절대적인 도움이 된다.

7. 평생을 살아오면서 책을 꾸준히 많이 읽어야 한다?

책을 쓰는 작가들은 한 권을 쓸 때 평균적으로 관련 서적과 경쟁서를 20~30권 정도 분석해야 자신만의 콘셉트나 스토리를 기획 할 수 있다. 아무리 평소 책을 많이 읽는 사람이라도 자신이 쓰고자 하는 분야의 책을 쓰기 위해서는 책 쓰기를 위한 독서를 백지에서 다시 시작해야 한다. 책을 평소 많이 읽지 못하는 경우 배경지식에서 차이는 날 수 있겠지만 실질적으로는 출발점이 거의 대동소이하다고 볼 수 있다. 책 읽는 방법도 일반적인 독서법이 아닌 책 쓰기용 자료 수집을 위한 집중 독서를 하므로 하루에 1~2권 내외 정도 읽으며 책 쓰기 작업을 진행하면 된다.

8. 내 책을 출간하려면 돈이 든다?

뒷부분에 출간의 유형 부분에 상세히 다루겠지만 보통의 작가가 출판하는 기획출판의 경우 돈이 한 푼도 들지 않는다. 자신만의 콘텐츠로 시장이 원하는 스토리만 가지고 있다면 우리는 오히려 인세를 받고 출판사에서 디자인, 편집, 인쇄, 마케팅까지 모든 부분에 관여하여 진행하게 된다. 물론 기획 출판에 실패한 사람의 경우 자비 출판이라는 경로를 통해 책을 내기도 한다.

　결론적으로 이제 나처럼 평범한 사람들의 이야기가 통하는 시대가 되었다. 굴곡진 삶을 살고 있다면 더 좋다. 살아오면서 쌓인 게 많으면 풀 이야기도 많은 법이다. 최소한 밋밋한 글은 되지 않을 테니까 말이다. 한 치의 부담감도 가지지 말자. 그냥 내가 세상에 하고 싶은 이야기를 필요한 자료 수집을 통해 나름의 가치관을 녹여 친구에게 이야기하듯이 편안하게 써 내려가면 된다!

작심_
나를 발견하는 시간

1장

세상은 당신의 책을
기다리고 있다

글을 쓰기 시작하자
잃어버린 내가 보이기 시작했다

나는 머리가 썩 좋은 편이 아니고 공부에 소질도 없어서 삼수를 해 대학에 겨우 들어갔다. 특히 나와 일란성 쌍둥이인 형도 같이 삼수를 했다. 그러니까 우리 집으로 봐서는 합이 6수를 했다. 시골에서 자랐기에 큰 도시에 가서 하숙하며 재수학원을 다녔다. 대학에 늦게 들어가게 되면서 쓰지 않아야 할 돈까지 쓰게 되어 홀어머니께 죄송했다. 무엇보다 홀로 식당 일을 하시며 삼 형제를 모두 대학을 보내신 어머니를 생각하면 지금까지도 불효를 한 기분이다.

그때부터 다른 사람보다 2년을 늦게 시작하다 보니 늘 뒤

쳐진 시간을 따라잡기 위해 노력했다. 재수할 때 교과서가 바뀌고, 삼수할 때 학력고사에서 수능으로 시험제도가 바뀌어 마음고생을 꽤 했다. 그 당시 대학에 실패했다는 사실은 하늘이 무너져 내리는 고통이었지만, 지금 돌이켜 보면 오히려 나를 오만하지 않고 겸손하게 그리고 단단하게 해 준 소중한 시간들이었다.

그렇게 나는 대학을 졸업하고 뚜렷한 목표 없이 평범한 직장인 생활을 하게 되었다. 지난 직장생활 동안 회사는 매년 비상경영이었다. 하루하루 턱밑까지 차오르는 매출 압박, 보고서 압박에 나는 어느새 잿빛 도시에 사는 잿빛 인간으로 변해 가고 있었다. 그렇게 한없이 작아지는 내게 작은 숨구멍이 생겼다. 그건 바로 틈틈이 쓰는 메모와 글쓰기가 일상의 고단함을 달래 주었다. 딱히 책으로 내겠다거나 거대한 목표 없이 그냥 하루하루 살기 위해 숨을 쉬기 위해 이런저런 일상을 꾸준히 정리했다.

그러던 중 막연히 동시대를 살아가고 있는 나와 같은 잿빛의 직장인들을 위해 나만의 언어로 따뜻한 용기를 주고 싶은 마음이 생겼다. 그리고 2년 전에 그동안 정리한 글들을 모아 아래와 같은 메시지로 첫 번째 책 『토닥토닥 마흔이 마흔에게』를 집필할 용기를 낸다.

40대, 힘들고 지친 일상 속에서
하루하루 버티는 우리를 위하여...

세상은 4차 산업혁명이라는 새로운 단어를 만들어 우리들에
게 파괴적 혁신을 강요한다. 지금 변하지 않으면 죽을 수도 있
다고 위협하며 가뜩이나 힘든 40대 중년들의 어깨를 더 움츠
려 들게 하고 있다.

하지만 모든 사람이 변화를 부르짖을 때 세상이 바뀌어도 변
하지 않아야 할 가치들이 있다고 말하고 싶다. 그건 바로 나
자신을 사랑하는 것, 그리고 가족과 주변의 소중한 사람들을
놓치지 않는 것이다. 이 두 가지만 지켜도 우리의 인생은 한결
따뜻하고 행복해질 것이다.

이런 나름의 의미 있는 출사표를 던진 후 본격적인 집필에
들어갔다. 사실 결심을 하고도 한동안은 노트북을 열었을 때
마다 보이는 한글 문서 하얀색의 백지는 내게 늘 공포의 대상
이었다. 하지만 오래전부터 내 글을 모아 내 이름으로 된 책을
내는 건 언제나 내 버킷리스트 0순위였기에 마지못해 꾸역꾸
역 글을 써 내려갔다.

신으로부터 하얀 도화지를 선물 받다

글을 절반 이상 쓸 무렵에는 '내가 세상을 향해서 하고 싶은 말이 참 많았구나'라는 것을 느낄 수 있었다. 그리고는 노트북에 한글을 띄워놓고 철저히 자신과 마주하는 시간을 온전히 즐기게 되었다. 그 시간은 자기 자신에게 계속 질문하며 답을 묻는 과정의 연속이었다. 그리고 신으로 받은 하얀 도화지에 세상을 향해 거침없이 하고 싶은 말을 쏟아냈다. '같은 물을 먹어도 젖소는 우유를 뱉어내고 독사는 독을 뱉어낸다'고 하지 않았나. 때로는 우유를 때로는 독을 뿜어내며 쓰고 지우고, 다시 쓰고 지우고를 반복하는 과정의 연속이었다.

나는 현실의 걱정과 스트레스가 글을 쓰는 과정에서 산화되어 없어지는 듯한 느낌을 받았다. 밤늦은 적막한 시간 홀로 책상에 앉아 글을 쓰는 과정이 마치 신에게 삶의 지혜를 구하고 기도하는 구도자의 모습 같기도 했다. 그리고 원고 첫 장을 쓸 때와 마지막 장을 쓸 때의 나는 분명 다른 사람이 되었다. 엄청난 사유와 통찰의 시간을 통해 나를 단기간에 다른 사람으로 다시 태어났다.

그리고 세 번째 책을 쓰는 지금은 한글 프로그램의 하얀 백지가 더는 두려움의 대상이 아닌 호기심과 설렘의 대상으로 바뀌었다. 지금까지 살아오면서 단 한 번도 자신에 대한 확신이 없이 '삼수생의 명에'에 '콤플렉스 덩어리'로 살아왔던 나는 글쓰기를 통해 작은 성공을 경험하고 나를 다시 찾을 수 있었다. 어찌 보면 삼수를 하면서 이 사회에 의해 투명인간, 불효자 취급을 받으며 거세당한 나의 자존감이 고등학교 졸업 후 20여 년 만에 회복되었다고 표현하면 너무 과장된 것일까?

하얀 도화지

세상이 어느날 나에게 동아줄을 내려주었네
거기에는 새하얀 백색의 하얀 도화지가 있네
어두운 밤 노트북의 타자 소리
정적을 깨는 내 잃어버린 꿈을 찾는 소리

- 김태윤 자작시 -

20여 년 간 다른 사람보다 느리게 살아온 나, 머리가 좋지 않아 몸이 고생한다고 자괴감에 빠져있던 내가 글을 통해 살아가는 의미, 선한 영향력, 소명 의식을 가지게 되었다. 내 마음을 채우고 다시 나를 일으켜주고 나를 세상과 연결해 준 글

쓰기 시간이 참으로 고마웠다.

글을 쓰고자 마음먹었다면 진심을 담아 쓰자. '최초의 독자는 바로 나'다. 나를 먼저 감동하게 해야 세상에 부끄럽지 않을 글을 쓸 수 있다.

지금 직장에서 위기를 겪고 있다면, 코로나로 누구보다 먹고사는 문제에 심각한 위기가 왔다면, 내 삶에 자신감이 없다면 지금이 바로 글을 써야 할 때다. 나와 우리를 위로해 주고 다시 세울 수 있는 건 결국 자신밖에 없다. 내 안의 것들을 모조리 끄집어내 글로 풀어보자. 그 과정에서 자신을 치유할 수 있다. 결국 글쓰기는 '나를 사랑하는 행위'이기 때문이다.

사회에서 직장인으로서, 가정에서 아빠 엄마로서, 부모님의 자랑스러운 아들과 딸로서, 인류의 한 구성원으로서 신이 당신에게 글을 쓰라고 선물로 하나의 큰 도화지를 오늘 선물해 주셨다. 당신은 당장 받을 것인가? 과거처럼 온갖 핑계를 대며 뒷걸음질 칠 것인가? 선택은 온전히 당신의 몫이다.

쓸수록 일이 쉬워지고
관계도 편해지는 글쓰기의 기적

차별화된 직장생활의 첫걸음

직장인에게 경험치로 쌓이는 것은 결국 문서밖에 없다. 어떤 문서는 사내 인트라넷에 공지되기도 하고 보존 연한에 따라 영구적으로 직원들에게 읽히기 때문이다. 직장생활 20여 년, 글쓰기와 보고서에 어느 정도 익숙해질때도 되었지만 나에겐 아직 풀지 못한 어려운 숙제 같다.

회사 생활 내내 보고서 등 문서를 작성하는 과정은 직장인의 숙명이건만 이에 비해 정작 직장인들에게 글쓰기 교육을 받을 기회는 많지 않다. 글쓰기 능력이야말로 조직역량의 핵심이라 볼 수 있다. 가벼운 주간회의록 작성부터 시작해 동향 보고서, 기획서, 제안서, 결과보고서 등 문서를 잘 쓰는 사람은 어디서든 인정받고 돋보인다. 내 첫 책이 나오고 난 뒤 우연히 회사에서 만난 상사가 나에게 내 책을 보고 나를 다시 보게 돼었다며 겉모습과 책을 통해 나를 본 것과 다른 느낌이 드셨다고 칭찬해 주셨다.

나는 글을 쓰기 시작하면서 업무에도 긍정적 영향을 받았다. 글을 쓰기 위한 과정 하나하나가 직장인 보고서 쓰기 등 실용서 작성과 맥락이 비슷했기 때문이다. 무엇보다 글쓰기는 글을 읽는 독자를 생각하며 내 마음을 전달하는 과정이다. 직장인 보고서도 나의 상사는 물론 내 보고서를 통해 매출이 늘어나든 정보를 제공하든 철저히 누군가를 생각하며 써야 한다는 점에서 글쓰기와 유사하다. 또한 평소 글을 쓰면서 모아 놓은 글감이나 관련 자료를 통해 새로운 아이디어가 떠오르기도 하고 당면한 문제를 해결하는데 영감을 주기도 했다. 이런 글쓰기 습관들이 모여 나름 차별화된 직장생활을 하는 밑거름이 되었다.

입사 후 비슷비슷한 또래 동기들보다 반 발작 앞서 나갈 수 있었고, 평소 닦아온 글솜씨를 통해 각종 보고서나 파워포인트 등 문서 작성 시 다른 사람들에게 도움을 주는 위치에 있을 수 있었다. 무엇보다 그런 능력을 인정받아 기획력 향상 교육, 파워포인트 교육, 토익 교육 강의 등 직원 대상 강연 기회도 꾸준히 가질 수 있었다.

남들보다 스펙이 좋거나 머리가 뛰어나거나 월등한 아이디어를 가진 건 없지만 평소 글쓰기를 통해 쌓은 노하우 덕분에 내 보고서와 프레젠테이션을 통해 마치 능력 있는 사람으로 보였다. 자연스러운 선순환되어 인사평가는 물론 각종 사내 공모전에 대상을 여러 번 수상했고, 미래창조과학부 장관상, 한국과학기자협회 올해의 홍보인상, 대표이사상 등 매년 굵직굵직한 상을 받는 행운도 얻을 수 있었다.

시간이 지나 중간관리자가 되고 간부의 위치로 가면 갈수록 글쓰기 능력이 더 많은 사람에게 노출된다. 따라서 글쓰기 능력은 조직에 속해있는 동안은 생존을 위해서라도 키워야 한다. 특히 최근에 대한민국 남녀노소 없이 평범한 삶의 일탈을 위해 유튜버를 꿈꾼다. 하지만 대부분의 유튜버도 화려한 언변 뒤에 미리 이야기하고 싶은 말을 시나리오로 작성한다는 사실을 우리는 잊지 말아야 한다. 결국 말을 잘하는 사람은 글을 잘 쓰는 사람으로 귀결된다.

타인의 마음마저 헤아릴 줄 아는 법을 배우다

흔히 '흐르는 세월을 막을 장사는 없다'라는 말이 있다. 그 세월 속에 인간은 자신의 의지와 상관없이 나이를 먹게 된다. 인간이 태어나 20대가 되기까지 나이 드는 것은 성장을 뜻하고, 그 이후에는 성숙을 거쳐 늙어 가게 된다. 인간이 늙기 시작했다는 것은 삶의 갈림길에 들어섰다는 의미다.

하지만 글 쓰는 삶을 살면서 나는 육체적 나이와 상관없이 정신적으로는 점점 젊어지고 충만해지는 감정을 느낀다. 글쓰기는 자신과 만나는 시간이다. 더 나아가 자연스럽게 내 글을 읽어 줄 사람들의 생각과 처지도 관심을 가지게 된다. 그중에는 가까운 가족, 친척, 친구, 직장 상사와 동료, 주변 사람도 당연히 포함된다.

이렇기에 내 책을 읽어 줄 독자의 마음을 헤아리다 보니 정작 내 주변의 소중한 사람들에게 그동안 소원했다는 미안함을 많이 느끼게 되었다. 그렇기 때문에 평소보다 더 배우자나 자녀의 감정을 많이 들여다보게 되었다. 그런 관점으로 점차 가족에서 친척, 친구, 회사 동료, 우리 사회, 더 나아가 인류애까지 생각하게 된다. 왜냐하면 글을 쓴다는 것 자체가 세상에 '선한 영향력'을 미치려는 소명 의식에서 발원하기 때문이다.

그러므로 글을 쓴다는 것은 세상 만물의 입장을 생각해 보는 역지사지(易地思之)가 기반이 되어야 한다. 글을 쓰기 시작하면서 맞벌이를 하는 아내와의 관계도 많이 좋아졌다. 과거에는 직장생활에 찌든 나만 생각했고, 내 이야기만 했으며, 내 처지만 이해해 달라고 주장했다. 같이 살면서 부부로서 서로 의지해주는 동반자적 관계가 아닌 어린아이처럼 나만 바라봐 달라고 생떼를 쓰며 살았다.

직장생활도 마찬가지다. 글을 쓰기 전에는 내 생각만 했다. 근무 여건, 복리후생, 조직문화, 사내 정치 등 모든 것이 불만이었다. 당연히 상사들에 대해 이해하려는 노력도 많이 기울이지 않았다. 하지만 글을 쓰면서 상사도 나와 같은 인간이고, 아이들의 부모이며, 누군가의 귀한 자식이라고 느꼈고 부정적인 모습만 찾으려던 내가 그 사람의 장점도 찾아보는 습관이 생겼다.

특히 조직 생활에서 상사와 관계가 나쁘면 상사가 가지고 있는 고급정보를 공유할 수 없다. 상사의 의도도 파악할 수 없다. 상사에게 자신의 기획이나 아이디어를 공유할 절대적 시간이 부족해진다. 평소 활발하게 소통한 사람에 비해 상사가 보고서 내용을 잘 이해하지 못할 수 있다. 사람은 누구나 익숙하지 않은 것을 좋아하지 않는다. 결국 보고서가 늦어지는 것은 기본이고 상사 마음에 드는 글을 쓸 수 없다. '상사와 부모는 내가 선택할 수 없다'라는 말이 있다. 좋은 관계를 유지하면 좋은 보고서를 쓰는 것은 물론 조직에서 인정받는 전제조건이다.

글을 쓰고 난 뒤에는 회사에 대한 불만이 눈 녹듯 사라졌다. 불만이 문제해결 아이디어로, 직장 상사의 단점이 앞으로 내가 상사가 되어서 하지 말아야 할 행동 교훈이라는 긍정적 결과로 이어졌다.

친구 관계도 마찬가지다. 예전에는 나의 감정을 일방적으로 전달했으나 글을 쓰고 난후부터는 친구들에게 좀 더 솔직하게 다가갈 수 있었다. 내가 말하는 시간보다 친구들의 말에 경청하는 시간이 많아지게 되었다. 또한 친구들과의 즐거운 이야기 속에 내가 쓰고 있는 글 소재를 찾기도 했다. 그리고 무엇보다 내 글에 대해 유대인의 하브루타식 토론을 통해 말해보고 친구들의 피드백 즉, 논리적 약점도 파악하는 긍정적 효과를 얻게 되었다.

예로부터 호랑이는 죽어서 가죽을 남기고 사람은 죽어서 이름을 남긴다고 했다. 결국 산다는 것은 저마다 삶의 흔적을 남기는 과정이다. 돈으로, 권력으로, 지식으로, 재주로 저마다 자신의 흔적을 남기려 한다. 하지만 그것들은 물처럼 흐르고 바람처럼 사라지며 모래처럼 흩어지기 쉽다. 그러나 일상을 글로 정리하는 순간 직장생활에 긍정적 영향을 주는 것은 물론 내 가족과 주변 사람들을 위한 행복한 추억의 흔적은 문신처럼 짙게 새겨져 누군가의 가슴에 남고 영혼에 담길 것이다.

평범한 내 이야기가
베스트셀러가 되는 시대

초등학생부터 노년층까지 누구나 작가가 될 수 있다

내가 글을 쓰고 책을 내자 주변에서 가장 많이 물어보는 질문이 전문 작가가 아닌 일반 직장인이 책을 쓰는 게 가능하냐는 내용이었다. 그런 질문을 들으면 나는 반사적으로 하는 답이 있다. 나처럼 책 쓰는 방법을 전혀 몰랐던 사람도 40대가 되어 글을 쓰고 책을 냈으니 당신도 책을 낼 수 있다고 말한다. 그러면 반응도 대부분 비슷하다. 손사래를 치면서 말도 안 되는 소리 하지 말라고 도망치듯 화제를 돌린다. 그래도 당신이니까 가능하다고 말하면 자신과 상관없는 일 인듯 치부해 버린다.

하지만 나는 정확히 말할 수 있다. 회사 다니는 노력의 3분의 1로 대한민국 국민이면 누구나 책 한 권은 쓸 수 있다고 말이다. 최근 들어 책 쓰기 시장에 전문적으로 글 쓰는 작가가 아닌 일반 직장인, 가정주부, 군인, 대학생, 심지어 초등학생까지 글쓰기 열풍이라고 할 만큼 작가의 범위가 넓어지고 있다. 유튜브의 영향으로 1인 크리에이터 시대가 본격화되면서 SNS를 통해 팔로우를 많이 가진 인플루언서뿐 아니라 일반인들도 본격적으로 책 쓰기 시장에 진입하고 있다.

한번 생각해 보자. 대한민국에서 책을 읽는 사람을 구분해 보면 소위 소설가나 전문 작가로 구성된 전문가 영역은 10퍼센트 이내일 것이다. 나머지 90퍼센트는 일반인들이 글을 읽고 책을 소비하고 있다. 그렇다면 책을 읽는 대상 즉 일반 독자 90퍼센트를 목표로 두고 글을 써야 하지 않을까? 일반 독자는 내가 평소에 만나는 평범한 시민들이다. 그들에게 통하는 언어와 공감 가는 소재가 필요하다.

『죽고 싶지만 떡볶이는 먹고 싶어』, 『애쓰지 않고 편안하게』, 『하마터면 열심히 살 뻔했다』 등 소소한 일상들에 대한 이야기가 베스트셀러로 오랜 기간 사랑을 받고 있다. 왜냐하면 지금 사회가 그런 책을 원하고 있기 때문이다.

마이클 샌델 교수의 『정의란 무엇인가』처럼 한국 사회에 던지는 묵직한 질문도 필요하지만 요즘은 오히려 밀레니얼 세대를 다룬 일상공감형 책이 독자의 마음을 끌고 있다. 또한 시대상과 일상을 재미있게 재해석한 B급 정서를 담은 책이 인기가 높다. 고등학교 시절 내신을 잘 받은 사람, 명문대에 들어간 사람처럼 고스펙 자보다 인생에 아픔이 많고 고된 경험을 한 90퍼센트의 일반인이 오히려 울림 있는 글을 쓸 수 있다.

그렇기에 현실과 동떨어지고 단지 있어 보이는 글감이나 화려한 수사법은 사용하지 말자. 우리는 텔레비전에서 주인공이 다니는 회사에 잘생긴 재벌 집 아들이 나오고 출생의 비밀이 있는 드라마를 볼 때마다 '막장'이라는 표현을 쓴다. 개연성이 떨어지기 때문이다. 현실에는 그런 일이 쉽게 벌어지지 않는다. 상식적인 이야기에 독자들은 공감한다. 그러므로 작가가 처음이라면 그런 일상의 문제와 해결책을 다룬 밀도 있는 글을 써야 한다. 팔리는 글은 이런 공감 있는 이야기 속에 기회가 있다.

독자는 영웅물이 아니라
일반인의 이야기에 마음을 연다

사람들은 자신의 살아온 이야기를 과소평가하는 경향이 있다. 우리가 사는 보통의 가정마다 한가지씩은 드라마 같은 일들이 있다. 부모나 가족의 이야기같이 달고, 짜고, 매운 다양한 사건 사고가 늘 반복적으로 일어난다.

특히 사회생활에 어느 정도 경험이 있는 사람이라면 자신만의 영역에서 이 사회에 던지고 싶은 메시지가 분명 있을 것이다. 이미 크고 작은 글을 써본 경험도 있기에 자신의 일상을 다룬 에세이든 직장 생활의 노하우를 담은 전문서든 그 내용을 힘 빼고 담담하게 써 내려가면 된다.

내 책을 읽어 줄 사람은 나와 같은 일상의 희로애락을 몸소 느끼는 일반인이다. 나처럼 평범한 사람들의 이야기를 통해 "사람 사는 게 다 별거 없구나"하는 생각이 들 때 이야기에 힘이 실리고 베스트셀러에 진입할 수 있다.

인생의 절반쯤 왔을 때
나만의 글을 가져라

인생의 전반전을 보내고 있는가? 매년 인사철이 되면 수능 추위 못지않게 혹독한 한파가 찾아온다. 엄동설한 겨울바람보다 더 춥고, 매섭게 옷깃을 파고든다. 조직 생활에서 한직 발령은 억울하고 자존심을 상하게 할 수도 있다. 그래도 '라스트 맨 스탠딩', '강한 사람이 살아남는 게 아니라 살아남은 사람이 강하다'를 새기면 그뿐이다. 반전의 그 날을 기다리며 고통을 견디면 된다.

하지만 퇴직은 다르다. 용도 폐기의 선언 같아 서럽다. 낭떠러지에서 등 떠밀리는 것 같다. 남들은 "그만하면 오래 했다"

고 말하지만 본인은 '청춘을 바쳤다'는 생각과 자괴감에 눈물이 앞을 가릴 것이다.

조직의 외투와 방패를 벗고 남은 나의 맨몸은 어떤 모습일까? 조직의 가격표를 다 떼고 난 뒤 나 자신의 진짜 가치는 얼마일까?

세상은 '나'라는 브랜드를 선택받아야 하는 각자도생의 시대

그 누구로부터도 미래를 보장받지 못하는 상황에서 결국 개개인은 스스로 살길을 찾는 길로 접어들었다. 평생직장과 평생 직업의 개념이 모호해지고 각자가 '나'를 브랜딩해야 하는 '1인 셀러의 시대'가 도래했다. 조만간 일자리를 둘러싸고 로봇과의 경쟁이 불가피하다고 예상되어 사람들은 좀 더 안전한 미래를 위해 각자 대안을 찾아 나서기 시작하고 있다. 직장 생활을 하면서 글을 쓰기도 하고, 블로그를 하고, 유튜브를 하며 일상의 소통을 넘어 SNS에 자신을 상품으로 가공해 '나를 파는 시대'가 되었다. 이런 시대일수록 하루라도 빨리 자신만의 글을 통해 조직 내외부에서 러브콜을 받을 수 있는 나만의 브랜드를 만들어야 한다.

경영사상가 톰 피터스는 "비즈니스맨이 훈련에 게으르다면 망신스러운 일이다. 하지만 더 중요한 것은 조만간 남에게 따라잡히게 된다는 사실이다."라고 경고했다.

관련 전문가들도 퇴사를 위한 현실적인 준비를 하기 전에 왜 퇴사하려는지 자신부터 탐구하라고 조언한다. 퇴준생 선배들은 무엇보다 '기간 설정'이 중요하다고 강조한다. 퇴사 시점을 정하고 시작을 위한 자신만의 무기(아이템)와 '퇴준(퇴사 준비) 자금'을 마련하는 게 중요하기 때문이다.

『퇴사준비생의 도쿄』의 저자는 "퇴사 준비는 퇴사 이후의 삶은 물론 지금의 일을 가치 있게 할 수 있도록 돕는다는 의미에서 또 다른 자기 계발"이라고 말했다. 마흔 살이 되던 해 퇴사를 결심하고 10년의 퇴사 준비 과정을 거쳐 퇴사한 이나가키 에미코 전 아사히신문 기자는 저서 『퇴사하겠습니다』에서 이렇게 말한다. "회사는 나를 만들어가는 곳이지 내가 의존해가는 곳이 아니다. 언젠가 회사를 졸업할 수 있는 '자기'를 만드는 것이 무엇보다 중요하다." 이렇듯 퇴준생의 시작은 자신을 찾는 길인 셈이다.

현재 속한 조직에 대한 끝없는 불평보다는 내가 내 인생의 주인이 되기 위해서 하루라도 빨리 앞으로 어떠한 삶을 살지 당장 계획해야 한다. 그간의 노하우는 글감으로 나만의 글 저장소를 만들어 미래를 대비한다면 조직의 쓴맛을 조금이라도 덜 맛보게 될 것이다.

내 책이 나오기 전까지 절대 눈 감지 않을 거야

무엇보다 나는 왜 글을 쓰려고 하는지 목적을 분명히 해야 한다. 회사에서 지위가 올라갈수록 자리가 불안해 글을 쓰려고 하는가? 인생 이모작을 미리 준비하려고 하는가? 어떤 이유라도 좋다. 글을 쓰기 위해서는 무엇이 가장 중요할까?

내가 글을 쓰면서 느낀 점은 글을 쓸 수 있는 능력이 학벌, 나이, 전공과 무관했다는 사실이다. 그런 것보다는 내 마음속 깊은 곳에서 올라오는 간절함과 관련이 깊었다. '내 글이나 내 책이 나오지 않으면 눈을 못 감는다'라는 절박함이 있어야 한다. 단순히 취미 삼아 글 좀 쓰고 SNS로 자기 과시 좀 하겠다고 책을 내고 인세를 받겠다는 자세로는 절대 오래갈 수 없다. 글을 쓴다는 것은 100미터 달리기가 아니라 마라톤과 같다.

사실 가족이나 지인들도 처음에는 내가 책을 쓰겠다는 말에 크게 관심이 없었고 우호적이지 않았다. 책 쓰는 방법을 전혀 몰랐던 내가 책을 쓴다고 했으니 누가 봐도 황당했을 것이다. 하지만 나는 누구보다 간절했다. 40여 년간 살아오면서 단한 번도 스스로 만족했거나 조그만 성공이라도 이루어 놓은 것이 없었다. 항상 주변인이었으며 남들보다 몇 발자국 늦었고 아무도 관심 없는 어둠 속에서 홀로 뒤따라 걸어온 인생이었다. 대학 때도 삼수로 들어가서 혼자 밥을 먹은 적이 많았고 동아리 활동도 제대로 해 본 적이 없다. 하지만 글을 통해 자존감이 생겼고 더 이상 나의 능력을 의심하지 않기로 했다. 글을 쓰면서 내 인생은 180도 달라졌다.

지금 불안하다면 사표 대신 책을 써라

인생은 모두 유한하며 시한부 인생이다. 청장년 시기는 30~40년밖에 안 된다. 작은 실패는 얼마든지 있다고 예상하고 간절한 마음으로 경건하게 글쓰기를 대해야 한다. 삶의 변화를 이루어 내려면 내 마음속에 불을 확 댕겨야 한다. 내 삶에 대한 애정과 열정이 있어야 다른 사람에게도 뜨거운 불이나 적어도 온기를 전해 줄 수 있기 때문이다. 대충 시간만 보내고 차일피일

우유부단하게 미루다 보면 어느 순간 위기가 찾아오고 결국 불행한 나를 만나게 된다.

조직에 몸담고 있고, 글을 쓸 나만의 확실한 동기가 생겼다면 지금야말로 변화를 모색 할 수 있는 가장 좋은 시기다. 장기적 관점에서 가슴 뛰게 할 글의 주제를 정하고 그에 맞게 자신을 고쳐 나가야 한다. 이는 마치 에베레스트산 정상을 코앞에 두고 베이스캠프에서 정상 정복 전략을 새로이 고민하고, 장비를 점검하는 것과 같은 것이다.

혹자는 책 쓰기를 '자기계발의 끝판왕'이라고 표현했다. 그러니 적은 비용으로 확실히 자신의 브랜드를 높일 수 있는 책 쓰기에 도전하자. 인세, 강연료 등 예상 밖의 보너스는 덤으로 따라올 수 있다. 물론 경제적 이익 못지않게 책 쓰기를 통해 자신이 나갈 방향을 정리해 보는 소중한 시간을 가질 수 있다. 나는 개인적으로 책을 통해 세상에 선한 영향력을 끼칠 수 있는 점이 가장 큰 매력이 아닌가 생각한다.

또한 책을 쓴다는 것은 지식과 경험을 복기할 수 있는 장점이 있다. 바둑기사들은 대국이 끝나면 꼭 복기한다. 직장인도 마찬가지다. 프로젝트가 끝나면 결과보고서나 성과보고서를 통해 산출물을 만든다. 어떤 일이든 끝나면 복기의 과정을 거쳐야 일할 때 무엇이 잘못되었는지 파악할 수 있다.

책 쓰기를 통해 배움의 끈을 놓지 않는 것이 인생에 대한 예의라고 생각한다.

이 시대를 살고 있는 사람이라면 세상에 자신만의 책을 흔적으로 남겨야 한다. 세상은 당신의 책을, 아니 당신의 명령을 기다리고 있다. 사표를 쓰지 말고 책을 쓰자! 내가 간절히 원하고 실천한다면 어느 순간 현실이 되어 있을 것이다.

출판 프로세스의 이해

먼저 숲을 본 후 나무를 보는 것이 전체적인 책 쓰기의 흐름을 이해하는 데 도움이 될 수 있다. 책 쓰기는 대체로 다음과 같은 순서로 진행된다. 내가 완전한 원고를 출판사에 넘겼다면 빠르면 2~3개월 뒤에 책이 나오게 된다. 내가 책을 쓰겠다고 오늘 선포하면 책 쓰는데 3개월, 제작하는데 3개월이 걸린다. 결론적으로 6개월 뒤에 교보문고나 영풍문고는 물론 예스24, 알라딘, 인터파크에 내 책이 전시 및 판매가 되는 신비로운 경험을 할 수 있다.

NO	항목	내용	비고
1	자신의 발견	**나를 찾아 떠나는 여행!** 나의 장단점 분석, 나의 과거 꿈, 미래에 하고 싶은 일 찾기	
2	주제 선정	**무엇이 내 심장을 뛰게 하는가!** 나의 본질과 시장이 만나는 교차점 찾기, 시대적 상황, 독자 요구 분석	
3	출간기획서 작성	**출판사에 보내는 러브레터** 기획 의도, 가제, 예상 원고 내용, 핵심 타깃, 작가 프로필, 경쟁 도서 분석, 마케팅 전략	

4	자료수집 (경쟁 도 서 분석)	**지식의 양이 질을 이긴다!** 경쟁서, 신문, 인터넷 검색, 관련 영상, 참고문헌(논문 등)	
5	목차 작성	**내 책을 빛내줄 목차 만들기** 보통 5개 분야별 8개 목차, 총 40개 목차로 구성	
6	샘플 원고 작성	**어둠의 세계를 밝혀줄 등대!** 본문 집필에 롤모델이 될 샘플원고 작성 및 구성형식 참고	
7	초고 작성	**닥치고 초고 쓰기!** 서론/본론/결론 통일성, 적절한 사례 넣기, 맞춤법/띄어 쓰기 유의	
8	퇴고	**초고는 따뜻한 가슴으로, 퇴고는 차가운 머리로 쓴다!** 가독성 및 문장 완성도 확인, 프롤로그 및 에필로그 확정	
9	투고 (피칭)	**세상을 향해 출사표를 던져라!** 출판사 이메일 수집, 진심을 담아 간결한 투고 이메일 작성	
10	계약	**출판사는 한배를 탄 운명공동체** 인세, 출간시기, 수정범위, 출판 부수, 전자책 발행 및 약관 확인	
11	편집 (제작)	**작가가 배 위에 올라타면 배가 산으로 간다!** 1교, 2교, 3교, 제목/부제/띠지 문구 확정, 표지/본문 디자인, 인쇄	
12	마케팅 (홍보)	**책은 작가가 파는 것!** 흥행은 한 달 안에 결정 난다 온·오프라인 홍보, 저자 사인회, SNS, 서평 이벤트 등	
13	작가로 살기	**책에 어울리는 삶을 살고 있는가?** 진인사대천명, 소명 의식, 선한 영향력, 두 번째 책 집필	

준비_
책 쓰기 환경 만들기

2장

나에게 아름다운
글 감옥을 허하라

작가가 될 나의
가능성 발견하기

작가는 종합예술

세상의 모든 일은 자신이 관심을 가져야만 비로소 제대로 보이기 시작한다. 내가 작가가 되기로 마음먹고 출간을 하니 대형 서점을 비롯해 출판업계의 생리에 관해 관심을 가지고 본격적인 공부를 했다.

글쓰기를 통해 내 삶을 변화시키려는 사람이라면 작가는 어떤 사람이 되고, 어떤 역량이 필요하며 글을 쓰는 본인은 작가의 삶에 적합한 성향인지 궁금할 것이다. 그런 의미에서 스스로 작가가 될 가능성은 얼마인지 한 번쯤 짚고 넘어가는 것이 중요하다.

흔히 책을 쓰고 작가가 된다는 것을 '종합예술 행위'로 본다. 특히 작가는 다음과 같이 5가지의 삶을 숙명적으로 살아가야 한다. 학자, 예술가, 사업가, 이야기꾼, 사회 공헌가가 그것이다. 5개 항목에 20점으로 항목마다 매우 적합에서 매우 미흡까지 표시해 보자.

100점 만점에 현재 작가가 될 가능성은 얼마인지 테스트해 보면 의미 있을 것이다.

1) 학자

학자처럼 계속 공부를 해야 한다. 기본적으로 수많은 자료를 바탕으로 글과 책을 써야 한다. 아는 것이 없으면 글을 쓸수가 없다. 글쓰기의 본질이 콘텐츠를 창조하는 과정이기 때문이다. 글쓰기는 내공의 자연 발화물이다. 깊은 연구를 통해나의 내공이 터져서 글이 되고 책이 된다.

매우 적합(20), 적합(15), 보통(10), 미흡(5), 매우 미흡(0)

2) 예술가

자유로운 영혼과 개혁적 성향을 가져야 한다. 고정관념이

나 틀에 갇히지 말고 항상 유연한 사고가 필요하다. 자유로운 시도를 많이 하고 호기심과 상상력이 있어야 한다. 그래야 일반인과 다른 새로운 관점에서 현상을 바라볼 수 있다.

매우 적합(20), 적합(15), 보통(10), 미흡(5), 매우 미흡(0)

3) 사업가

책을 잘 쓰려면 비즈니스 감각이 있어야 한다. 자신의 글을 읽는 독자들의 욕구를 정확히 만족시킬 수 있어야 베스트셀러가 되고 스테디셀러가 된다. 시장이 어떤 글과 책을 원하는지 감각적으로 간파한 후 그에 맞는 주제를 선정해야 한다. 그리고 책은 출판사와 작가가 함께 팔아야 시너지가 난다. 책의 홍보 방향을 정하고 평소에 네트워크 마케팅 능력을 키워나가야 한다.

매우 적합(20), 적합(15), 보통(10), 미흡(5), 매우 미흡(0)

4) 이야기꾼

독자들에게 재미와 흥미를 유발하는 이야기꾼이 되어야 한다. 혹자는 현대사회에서 두 가지만 존재한다고 한다. '재미있는 일 VS 재미없는 일'

재미가 돈이 되는 사회다. 유튜브나 넷플릭스가 자극적인 영상으로 우리의 일상을 흔드는 오늘날, 재미없는 글에 관심을 주는 시간이 한가한 사람을 찾기는 힘들 것이다.

매우 적합(20), 적합(15), 보통(10), 미흡(5), 매우 미흡(0)

5) 사회 공헌가

작가가 된다는 것은 배워서 자신의 지혜와 지식을 남 주는 사람이 되는 과정이다. 우리가 학교에서 배운 홍익인간, 경천애인 정신을 몸으로 글로써 구현하는 삶이다

- 홍익인간(弘益人間): 널리 인간세계를 이롭게 한다
- 경천애인(敬天愛人): 하늘을 공경하고 사람을 사랑함

소외계층에게 연탄을 배달하고 밥을 배식하는 몸으로 하는 봉사도 있지만 작가는 글로써 사람의 마음을 울리고 사회 정신구조를 바꾸는 위대한 작업이라 볼 수 있다. 돈보다는 정신적 가치, 선한 영향력의 전파라는 소명 의식에 방점을 찍는 가슴 따뜻한 사람이 되어야 한다.

매우 적합(20), 적합(15), 보통(10), 미흡(5), 매우 미흡(0)

100점~80점: 당신은 삶 자체가 작가, 지금 당장 쓰자

79점~60점: 당신은 타고난 작가, 지금 당장 쓰자

59점~40점: 당신은 작가 소질이 있습니다, 지금 당장 쓰자

39점~20점: 당신은 조금만 노력하면 작가가 될 수 있습니다, 지금 당장 쓰자

19점~0점: 당신은 간절히 원하면 작가가 될 수 있습니다, 지금 당장 쓰자

사람마다 각자 개성이 있기에 학자, 예술가, 사업가, 이야기꾼, 사회공헌가라는 모든 능력을 갖춘 사람은 흔치 않을 것이다. 하지만 우리는 글을 통해 세상에 소통하고자 마음먹은 이상 5가지 영역을 다 만족시키기 위해 진정성을 가지고 자기 스스로 부단히 노력해야 한다. 그래야만 장기간 흥행하는 진짜 작가가 될 수 있다.

당장 데드라인을 선포하고
어제의 나와 결별하라

책은 10년 3개월 만에 나온다고?

책을 써본 사람들 사이에 공통으로 하는 말이 있다. 책이 나오는데 10년 3개월이 걸린다?

책을 쓰려고 10년 동안 마음만 먹다가, 어느 날 작심하고 이빨 꽉 깨물고 결심해서 3개월 만에 책을 쓴다. 고백하건대 나도 딱 이런 경우였다.

'3개월 만에 쓰는 사람은 있어도 1년 만에 쓰는 사람은 없

다?'

    곰이 사람이 되려고 100여 일을 동굴 속에서 쑥과 마늘을 먹고 버텨서 사람이 되었다는 단군신화처럼 3개월 동안 절제와 금욕의 시간을 버티면 책이 나온다. 3개월이 지나면 한없이 늘어지고 열정이 식어서 6개월, 1년이 지나면 영원히 책이 나오지 못하게 된다.

    나를 비롯해 우리가 그동안 책을 쓰지 못한 원인은 책 쓰기가 내 삶의 우선순위에서 밀려나 있었기 때문이지 결코 시간이 없어서가 아니다. 책은 나의 정신적 가치를 세상에 남기는 신성한 작업이다. 나름대로 공인이 되는 과정이다. 많은 사람의 버킷리스트다. 자녀는 물론 손자, 손녀들도 물려줄 수 있는 정신적 유산이 바로 책이다.

    책 쓰기를 마음먹고 며칠 잠깐 열심히 하다가 그동안의 습관으로 우선순위가 밀려 포기하는 경우가 주변에 흔하다. 일단 두 달 동안 자료 수집을 통해 목차가 완성되었다면 본문 집필은 한 달 내에 끝내야 한다. 초반에 다짐했을 때 최대한 빨리 책 쓰기를 습관화해야 한다. 그렇지 않으면 책이 영원히 나오지 않는다. 아침형 인간이든 저녁형 인간이든 상관없다. 하루 3시간, 주말 8시간을 확보하면 3개월 만에 책이 나온다. 시간은 모두에게 공평하다. 내 삶을 진정으로 변화시키고 싶다면 책 쓰기를 삶의 0순위에 두어야 한다.

익숙한 것들과의 이별

'어제의 나', '과거의 나'와 결별을 선언하자. 치밀한 학습계획을 세우고 가족, 친척, 친구, 지인들에게 책을 쓰겠다고 전화로, 문자로, 채팅으로 당장 알리자. 우리는 회식 자리에서 '다이어트를 하고 있다'라거나 '한약을 먹고 있다'고 말하는 사람들의 의미를 알고 있다. 술 권유를 삼가해 달라는 신호다. 말을 뱉게 되면 책임을 지게 된다. 나도 주변에 여기저기 이야기를 해 놓다 보니 다른 사람들의 시선 때문에 반강제로 책을 썼다.

3개월 동안은 도심 속의 수도승을 자처하자. 책 쓰기는 흐름이다. 3개월 내 집중해서 끝내야 한다. 우리가 학창 시절, 방학이 끝날 무렵에 방학 숙제를 몰아서 한 경험이 있을 것이다. 중간, 기말고사도 마찬가지다. 중간에 마감일이 있어야 긴장의 끈을 놓지 않게 된다. 글을 쓰기 위해 당신이 가장 먼저 해야 할 것은 일상의 습관 중 10분의 9를 포기해야 한다. 3개월 동안 완벽한 날을 만들어 가야 한다. 대충은 없다. 책 출간이란 목표에 집중하지 못하면 책이란 선물을 주지 않는다. 세상에 공짜는 없다.

3개월 만에 책이 나오는 비법

1. 어제의 나와 결별을 선언하라. 내 인생의 리셋 버튼을 누르자.
2. 내 삶의 0순위에 책 쓰기를 두자.
3. 오늘 날짜로 정확히 3개월 뒤 투고일로 삼자.
4. 나만의 선언서를 집필 공간 여기저기에 벽에 붙여 수시로 보자.
5. 집필 계획서를 수립한다(일, 주간, 월별)
  • 〈역 L자형 시간표〉 주중 3시간, 주말 8시간 집필 시간을 확보하자.
6. 가족과 친구, 지인들에게 내가 책을 쓰기로 했다는 것을 알리자.
  • 단 회사는 책이 나온 뒤에 이야기하자. 회사보다 개인적인 일에 관심이 많아 업무를 소홀히 한다는 괜한 오해를

받을 수 있다.

7. 저녁이나 주말 약속을 잡지 않는다.

- 단 지금 잡혀 있는 약속은 정말 중요한 약속이 아니면 양해를 구하고 취소한다.

8. 텔레비전 시청, 게임, 영화 시청, 공연 관람, 등산, 골프, 낚시 등 취미생활은 3개월 동안 참는다.

9. 집필 기간 동안 SNS 활동을 잠시 중단한다.

- 책 쓰기 직전에 포스팅하면 몇 명이 와서 '좋아요'를 눌렀는지 계속 신경 쓰며 확인하게 된다.

10. 목적 없이 스마트폰을 보는 시간을 없앤다. 집필 중 채팅금지(무음 설정)

- 내 의지가 아주 약하다면 집필 중에는 전원을 끄거나 비행기 모드 강추!

11. 출퇴근 시 대중교통 이용으로 자료를 검색하는 등 자투리 시간을 적극적으로 활용하자.

루틴을 만들어
하루 3시간을 확보하라

습관이 의지를 이긴다

글을 쓰고 더 나아가 책을 쓰는 수많은 사람의 공통점이 있다. 자신만의 '루틴', '의식'을 가지고 있다. 글쓰기에 적용하면 글쓰기를 시작한다고 내 몸에 일종의 신호를 보내 습관화하는 과정이다. 책상 정리, 커피 내리기, 가벼운 산책, 다이어리 정리, 샤워, 연필깎이 등 몰입을 위한 나만의 의식을 가지면 서서히 몰입하는 데 큰 도움이 된다.

루틴의 사전적 정의는 '특정한 작업을 실행하기 위한 일종의 명령'이다. 일반적으로 운동선수들에게서 많이 볼 수 있다. 주어진 환경에서 최고의 실력을 끌어올리기 위한 정신적, 신체적 준비 자세다. 자신만이 가진 고유한 동작이나 습관을 의미한다. 세계 최고 몸값을 자랑하는 축구 선수 호날두는 프리킥 상황에서 5야드 뒤로 성큼성큼 뒷걸음 하는 루틴을, 삼성 라이온스 박한이 선수는 모자를 만지고 야구 방망이로 땅을 긋는 특이한 루틴을 가지고 한다.

루틴은 운동선수만 쓰는 건 아니다. 예를 들어 고시생이 책상을 정리하고 하루 계획을 짠 후 마음속으로 나는 할 수 있다고 세 번 외치고 어머니 얼굴을 떠올리며 공부에 들어간다면 이 또한 루틴이다. 루틴이란 반복과 의식의 다른 표현이다. 우리도 일정한 장소, 시간에 반복적으로 글쓰기를 시도해야 하고 시도하기 전에 의식을 가지면 좋다.

유명한 소설가 김훈은 필일오(必日伍)로 유명하다. 하늘이 두 쪽 나도 하루 반드시 원고지 5매는 쓴다는 규칙을 스스로 정해 두었다. 무라카미 하루키 역시 하루 5시간 쓰기를 생활화하고 있다. 우리도 이렇게 반복된 습관을 들이면 김훈 작가나 하루키가 될 수 있을까? 내 경우 평일 3시간, 주말 8시간을 목표로 하고 있다.

루틴이 습관이 되고 일상으로 자리 잡는 순간, 그 자체로

'가공할 힘'으로 다가온다. 매일 출근길에 읽는 신문은 세상 돌아가는 일에 무관심해진 나를 각성하게 만들고, 자기 전 짧게라도 쓰는 일기는 생각을 글로 치환하는 요령을 익히게 해준다. 지금 돌이켜 보면 "특정 분야의 전문가가 되려면 적어도 그와 관련된 부문에서 1만 시간의 훈련을 거쳐야 한다."는 일명 '1만 시간의 법칙'도 결국 루틴의 중요성을 설명해주는 이론이었다.

자투리 시간을 적극적으로 활용하라

책 쓰기를 위해 창의적인 생각은 중요하다. 하지만 창의성이 대단한 것이 아니다. 규칙성에서 나오며 결국은 습관의 힘이다. 책 쓰기를 마음먹은 우리는 절대적인 책 쓰기 시간을 확보해야 한다. 새벽이든 점심시간이든 밤이든 하루 최소 3시간을 확보해야 한다. 그래야 책이 나온다. 기본적으로 책이 안 써지는 날이 거의 매일이라고 생각하면 된다. 그래서 더욱 더 촘촘히 집필계획을 수립해야 한다. 평일에는 3시간 특히 직장인에게는 주말 8시간 확보가 책 쓰기의 운명을 가른다. 주말에는 종교 활동 외에 나머지 활동은 그만두고 책 쓰기에 올인해야 한다.

직장인이라면 업무시간과 수면 시간 외에 최대한 책 쓰기 시간 확보를 위해 노력해야 한다. 보통 출퇴근 시간이 꽤 많이 소요된다. 이 시간을 잘 활용하면 좋다. 평일에는 웬만하면 차를 두고 대중교통을 이용하자. 자유로운 손을 이용해 그 날 목차에 맞는 글감을 찾기 위해서다. 때로는 관련 책을 읽기도 하고 영상을 보면서 자투리 시간을 최대한 활용하자. 관련 기사를 검색해서 카카오톡으로 나에게 보내놓으면 된다.

저녁에 집에서 수시로 모아둔 글감을 가지고 집중해서 본문을 집필해야 한다. 결국 집 밖의 공간에서는 점심시간이나 출퇴근 시간에 글감을 찾으며 하루의 시간을 효율적으로 관리해나가야 한다. 집안 여기저기 굴러다니는 동전을 모아보자. 동전이 지폐가 될 수 있다. 우리가 살면서 허투루 흘려보내는 시간이 의외로 많다. 직장이나 가정에서의 시간도 이런 동전들처럼 집약적으로 모아 지폐처럼 활용해야 한다.

진도표로 시각적으로 관리하고 수시로 점검한다

효과적인 시간 관리를 위해 반드시 집필 일정표를 만들고 집필을 위해 '역 L자형' 시간표(평일 저녁 시간 3시간, 주말 8시간을 의미)를 완성해야 한다. 집필 시간을 인생을 바꾸는 투자 시간이라고 생각하고 근무시간보다 훨씬 치밀하게 관리해야 한다. 이를 위해 나의 경우는 일정표를 사중으로 기록하고 있다.

(1) PC 엑셀 진도표 (2) 휴대용 개인 다이어리 (3) 집/회사 탁상 캘린더 (4) 작업 방 벽 엑셀 진도표

이렇게 4중으로 만들어 내가 어느 곳에 있든지 즉시 점검 가능하게 환경을 맞춰 놓으면 놓치지 않는다. 수시로 노출 시키면 두 가지 효과가 있다. 첫째, 책 쓰기의 긴장감을 높일 수 있다. 나의 경우 본문 집필 할당 목차는 평일 1개, 주말 2개 이상을 잡았다. 그 날 소화해야 할 할당량을 보면서 시간 관리, 진도 관리를 해왔다. 1개 이상 집필을 완성하지 않으면 잠을 줄여서라도 꼭 완수하고자 노력했다. 집필 일정표를 작성하는 두 번째 이유는 성취감을 위해서다. 하루하루 시간 관리를 위해 글 쓴 시간을 측정하여 좋음-보통-나쁨 3단계로 관리했다.

단계별로 색을 따로 구분하여 진도 상황을 직관적으로 알 수 있게 했다.

집필 일정표 달성 기준

	평일	주말
좋음	3시간 이상	8시간 이상
보통	1시간~3시간 미만	4시간~8시간 미만
나쁨	1시간 이하	4시간 이하

그리고 하루 책 쓰기를 한 총 시간과 완성 목차 숫자를 구분해서 일정표에 기록했다. 일정표가 알록달록하게 구분되고 한눈에 달성한 날과 부족한 날이 구분되면 자연스레 기쁨과 반성의 시간을 가질 수 있다. 이렇게 일과를 철저히 정리하다 보면 어느 정도 시간이 지나면 책 쓰기의 절대적인 시간이 늘어나게 된다. 왜냐하면 하루를 관리하면서 쓸데없는 시간이 많았음을 알게 되고 시간을 효과적으로 관리하기 때문이다. 여러분도 꼭 기록하길 바란다. 생각보다 책 쓰기는 만만한 과정이 아니다. 조금이라도 더 철저한 환경 세팅을 통해 책 쓰기 프로젝트를 완수할 수 있도록 만반의 준비를 해 놓아야 한다.

계획이 없는 목표는 한낱 꿈에 불과하다

마감일은 반드시 구체적으로 숫자로 정해 놓아야 한다. 막연하게 '올해까지 책을 낼 거야!'라고 하면 스스로 나태해지고 집필 일정이 계속 늘어지게 된다. 책 쓰기는 빠른 시간 안에 신속히 끝내야 한다. 10월부터 시작했다고 가정하면 10월 ~11월 두 달간 자료수집, 12월 한 달 본문 집필 및 퇴고, 1월 초 투고 등 구체적인 날짜를 못 박아 놓아야 한다.

나의 경우 보통 밤 10시부터 써서 새벽 1시까지 매일 썼고 주말은 8시간에서 10시간 동안 집중적으로 글을 썼다. 내 첫 번째 책은 그해 1월부터 시작해서 2월 중순까지 자료수집, 2월 중순부터 3월 중순까지 초고완성, 3월 중순부터 4월 초까지 퇴고, 그리고 4월 9일 투고를 하였다. 그리고 2주 뒤 4월 26일에 출판사와 계약을 하고 책은 3개월 뒤인 7월 25일에 전국 온·오프라인 서점에 나오게 되었다. 3개월이란 마감시간을 두고 의식적으로 빨리 진행하지 않으면 흐름이 끊긴다. '계획 없는 목표는 한낱 꿈에 불과하다'라고 말한 프랑스 소설가 생텍쥐페리가 목표의 중요성을 잊지 말아야 할 것이다.

나만의
아지트 방을 만들자

나만의 글 공간, 케렌시아

현대인들은 대부분 회사와 집을 오가는 단순한 생활을 한다. 회사에서 상사가 찍어 내리고, 후배는 치고 올라오는 중압감에 하루하루를 근근이 버티며 살아가고 있다. 생존을 위해 하루 대부분을 회사에서 보내고, 집은 잠만 자는 하숙집 같은 그런 삶에 익숙해졌을지도 모른다.

하지만 그런 분위기에서 최근 변화의 바람이 불고 있다. 자신의 집이나 외부에 나만의 공간, 스페인어로 은신처를 만드는 '케렌시아(Querencia)' 열풍이다. 스트레스와 피로를 풀며 안정을 취할 수 있는 공간, 몸과 마음이 지쳤을 때 휴식을 취할 수 있는 나만의 공간을 찾는 경향을 의미한다. 원래는 스페인어로 '애정, 애착, 귀소 본능, 안식처' 등을 뜻하는 말로, 투우경기에서는 투우사와의 싸움 중에 소가 잠시 쉬면서 숨을 고르는 영역을 말한다.

이는 경기장 안에 확실히 정해진 공간이 아니라 투우 경기 중에 소가 본능적으로 자신의 피난처로 삼은 곳으로, 투우사는 케렌시아 안에 있는 소를 공격해서는 안 된다. 투우장의 소가 케렌시아에서 잠시 숨을 고르고 다음 싸움을 준비하는 것처럼, 직장인들도 남에게 방해받지 않고 지친 심신을 재충전할 수 있는 자신만의 공간이 필요하다. 이러한 배경에서 나온 용어로 퇴근길 버스의 맨 뒷자리, 해외여행, 음악회, 공연장, 나만의 공방, 취미가 같은 사람들의 동호회 모임 등 사람마다 다양하게 나타난다.

나 같은 경우는 어떤 '아지트', '케렌시아'가 있을까 생각해보았다. 그리고 보니 그동안 일이 너무 많아 회사와 집 이외에는 딱히 생각이 나지 않았다. 하지만 곰곰이 생각해보니 최근에 글쓰기를 시작하면서 아내와 딸에게 양해를 구하고 집에 집필 공간으로 꾸민 내 방이 생각났다. 그곳에 손을 내밀면 책이 닿을 수 있게 책장을 새로 들이고 노트북 거치대 등 글을 쓰기 위해 최적의 환경을 만들어 놓았기 때문이다.

그렇다. 일반 직장인들이 자신만의 휴식 공간이나 공방을 찾는 것처럼, 작가를 꿈꾸는 우리도 주변에 방해받지 않고 지친 심신을 재충전해 글쓰기를 장기적으로 벌일 수 있는 자신만의 공간이 필요하다.

작가에게 있어 물리적인 공간은 단순하지 않다. 글 쓰는 사람의 육체적 상태를 포함해 정신적 공간까지 염두에 둔 가장 효과적인 공간이 되어야 한다. 그 공간은 집이든 독서실이든 도서관이든, 집 근처 카페든 오롯이 집중할 나의 공간이면 된다. 나는 몸과 마음을 편하게 해주는 집에서 주로 글을 썼다. 편하게 옷을 입을 수도 있고, 무엇보다 조용해서 사색하기에 안성맞춤이었다.

글을 쓰다가 온몸이 뒤틀리면 침대에 뻗기도 하고 물구나무서기도 하고 지압 마사지기를 사용해 굳은 어깨와 등에 휴식을 주기도 했다. 만약 나처럼 집에서 하게 된다면 방에 노트북과 듀얼 모니터 연결해서 사용하면 훨씬 편리하다. 또한 노트북에 컴퓨터용 키보드를 연결하여 쓰고 있다. 노트북 자판보다 훨씬 익숙한 키보드를 별도로 구해 작업함으로서 집필 속도를 높일 수 있었다. 타수가 1.5배는 빨라진 효과를 볼 수 있었다.

글을 쓸 수 있는 그곳이 나의 집필 공간이 된다

작가에게 글쓰기 공간은 꼭 집이 아니어도 상관없다. 아니 집에서만 글을 쓰라는 법도 없다. 요즘은 휴대성이 편리한 노트북으로 글을 쓰는 시대다. 그러므로 어디든 글을 쓰는 곳이 곧 작가의 공간이 될 수 있는 것이다. 최근에는 '화이트 노이즈'라고 해서 카페의 소음 속에서 공부하는 사람들이 늘어나고 있다. 아늑한 분위기와 음악, 적당한 소음이 집중에 도움이 된다고 한다. 어떤 분위기든 자신이 좋아하는 공간, 집중할 수 있는 공간을 정해 두는 것이 중요하다.

결국 글을 쓰기 위해서는 정신적 환경, 물리적 환경이 완벽하게 세팅되어 있어야 한다. 최소 3개월 이상 치열하게 전쟁을 치를 '워룸'(War Room)이 필요하기 때문이다. 그 공간에는 총이 아닌 볼펜과 사인펜, 형광펜이 그 자리를 차지할 것이다. 되도록 나는 자기 방에서 책을 쓰라고 권하고 싶다. 목차를 쓸 때 넓은 침대나 거실 바닥에 자료를 펼쳐놓고 대대적인 분류 작업도 할 수 있기 때문이다.

특히 다른 사람 눈치 볼 필요도 없고, 공간적 제한도 없기에 수시로 참고자료를 여기저기 펼쳐놓고 쓸 수 있다. 당이 떨어져 힘들거나, 배고프거나 목마르면 주방에 가서 간단히 요기를 할 수도 있어서 여러 가지로 집에서 쓰면 좋은 점이 많다. 그런 의미에서 혹자는 주방의 큰 식탁을 작업실로 쓰는 사람도 있다고 한다. 나만의 공간을 가진다는 것이 다소 이기적이고 사치스러운 이야기일 수도 있겠지만, 글쓰기 습관과 성공을 위해 이번 기회에 만들어보자.

고독한 싸움에서 벗어나
함께 써라

같이 뛰어줄 동료가 필요한 시간

'빨리 가려면 혼자 가고 멀리 가려면 함께 가라'
- 아프리카 속담 -

주 52시간 근무제가 본격적으로 시행되면서 직장인들의 삶이 달라지고 있다. 최근 한국문화관광연구원의 설문조사 결과에 따르면 단축 근무를 시행하는 직장인 중 51.4퍼센트 가량이 실제 여가 시간이 증가했다고 한다.

글을 쓰고 작가를 꿈꾸는 이들에게 자기계발을 할 수 있는 절대적 시간이 늘어난 것은 정말 반가운 일이다. 이럴 때 일수록 글쓰기를 일상의 행복으로 맞아들이기 위해 좀 더 계획적이고 전략적으로 접근할 필요가 있다. 그중 가장 먼저 해야 할 일이 권투의 스파링 상대, 마라톤의 페이스메이커처럼 함께 뛰어줄 동료가 필요하다. 혹자는 글쓰기를 고독한 자기와의 싸움이라고 했다. 하지만 군이 혼자 쓸 필요는 없다. 오히려 함께 쓰면 더 잘 쓸 수 있다. 직장에 다니면 동료들끼리 아니면 친구들끼리 혹은 온·오프라인 사모임에서 글쓰기라는 공동의 목표를 위해 소모임에 참여하는 건 어떨까?

사실 글을 누구나 함께 쓰긴 한다. 같은 공간에 함께 모여 있지 않을 뿐이다. 다른 사람과 대화를 나누다가 아이디어를 얻어 쓰기도 한다. 기획안을 쓰면서 상사의 첨삭을 받으며 완성도를 더해간다. 때로는 관련 보고서를 벤치마킹하기도 한다. 관련 서적에서 정보를 얻기도 하고, 인터넷 검색을 통해, 직장 동료에게 물어보기도 한다. 이런 모든 일이 사실 함께 쓰는 과정이다. 이런 점에서 세상에서 자기 혼자 완벽하게 쓰는 글은 없다고 할 수 있다.

가족에게 진심으로 양해를 구하자

책 쓰기 준비에서 이 부분이 가장 중요한 요소가 아닐까 생각한다. 직장인이라면 한 번 정도 경험이 있을 것이다. 부부싸움을 하고 나면 직장에서도 업무가 잘 안되고 온 종일 마음이 불편하다. 이것이 책 쓰기라는 고도의 집중력을 필요로 하는 시기에는 더욱더 중요한 요인이다. 내가 아는 한 분은 책을 쓰는 동안 부부싸움도 자제했다고 한다. "책 쓰고 나서 보자!" 이러면서 말이다. 우리가 1인 거주 가구나 미혼이 아니라면 책을 쓰는데 가족의 영향을 상당히 많이 받게 된다. 책을 쓰기 시작하면 배우자와 갈등을 겪게 되는 경우도 있고, 어린 자녀까지 있다면 아이에게는 안 놀아주고 방에 처박혀 자기일 만 하는 이기적인 부모로 비칠 수 있다.

하지만 다른 한편으로 생각해보면 책 쓰기는 텔레비전 시청, 게임, 골프, 낚시 등과 비교하면 상대적으로 비용이 많이 들지 않는 건전한 취미생활이 아닌가? 마음을 담아 이야기해보자. "오래전부터 죽기 전 소원이 내 이름으로 된 책 한 권 쓰는 거였어. 내가 먼저 책을 쓰고 나서 당신도 아이들도 하고 싶은 거 할 수 있게 내가 지원해줄게"처럼 진심을 담아 가족에게 양해를 구해야 한다.

제삼자의 관점을 빌려라

직장생활을 하다 보면 우리는 안다. 내가 쓴 보고서를 아무리 꼼꼼하게 봐도 꼭 오타가 나온다. 그런데 내가 아닌 상사나 제삼자가 보면 쉽게 오타를 찾아낸다. 그렇다. 자신의 글에 익숙해지면서 객관성을 유지하기 힘들기 때문이다. 이런 점을 알기에 나는 글을 쓸 때마다 아내에게 보여주기도 한다.

때로는 아내와 글 주제에 관해 이야기하다가 아이디어를 얻기도 한다. 무엇보다 아내에게 내가 하고 싶은 말을 하다보면 내 마음속으로 생각을 정리하는 신기한 경험을 하기도 한다. 아내와 대화가 곧 글쓰기의 일부다. 아내에게 다음에는 책을 같이 쓰자고 한 번씩 이야기한다. '부부로 살아간다는 것'처럼 혼자 쓸 수 없는 주제에 대해 말이다. 그러면 아내는 아직은 다소 부담스러운지 손사래를 치곤 한다.

어떤 주제의 글을 쓰더라도 나만의 관점이 아니라 다각도로 제삼자의 관점에서 인과관계를 따져야 한다. 다른 사람의 관점을 통해 내 글이 더 단단해지기 때문이다. 그래서 함께 글을 쓰거나 도와주는 사람이 꼭 필요하다.

글쓰기 실력의 상향평준화

때로는 글을 쓰고 싶은 마음은 가득한데 그동안 실천하지 못했던 사람이라면 온·오프라인 글쓰기 모임에 참여하면 좋다. 모임에 참여하면서 의무적으로 글을 쓰다 보면 혼자서 끝맺지 못했던 글을 완성할 수 있게 된다. 또한 모임 사람들과 함께 글쓰기 마감 기한을 정해놓고 쓰면 느슨해지는 마음을 추스를 수 있다.

함께 썼을 때 최대 장점은 여러 사람의 반응을 들을 수 있다. 글을 꼼꼼히 읽어 줄 독자의 눈이 늘면 늘수록 완성도 높은 글을 쓸 수 있다. 서로의 글을 나누며 새로운 시각으로 볼 수 있기 때문이다. 고독의 해소는 보너스다. 글을 혼자 쓰면 내가 직장인인지, 작가인지 때로는 정체성에 혼란이 오기도 한다. 그러나 함께 글을 쓰면 다르다. 글을 함께 읽어주는 사람들이 글 쓰는 삶에 에너지를 불어넣어 준다.

다음은 글쓰기 모임 때 참여자가 느낀 대화의 일부다.

"글쓰기 모임을 하며 사람들과 함께 아픈 이야기를 나누고

같이 글을 썼다.”

“직장에서 매일 보고서만 쓰다 보니까 내 감정을 드러내는 글은 전혀 쓸 기회가 없었다.”

“월요일부터 금요일까지는 직장 생활에 치일 수밖에 없는데 이 모임에서만큼은 나를 내려놓을 수 있다”

전문가들은 글쓰기 모임이 사교라는 문화계 화두와 맥을 같이 한다고 해석하기도 한다. 사람들이 쉽게 만나서 의견을 교환하기 힘든 요즘 글쓰기 모임이 사교의 장으로서 역할을 대신하고 있다는 것이다. 이택광 경희대 영미문화학과 교수는 “진실한 만남이 필요하기 때문에 오프라인 모임을 하는 것”이라며 “모여서 글을 쓰면 사람도 만나고 위로도 되는 취미생활을 할 수 있다”고 함께 모여서 성장하는 삶을 강조했다.

지금처럼 코로나로 인해 오프라인 모임이 힘들어지면 줌을 활용한 온라인 모임이나 카카오톡 등 채팅을 활용해 소통해 보자. 그런 모임이 없다면 자신의 주변 사람 중 책 쓰기에 관심 있는 사람을 모아 만들어 보면 어떨까? 고독한 글쓰기 과정을 함께 뛰어줄 소중한 한 명이면 충분하다.

베스트셀러 되는 법

베스트셀러가 되는 비법은 하늘 아래 없다?

결론부터 말하겠다. 베스트셀러가 되는 획기적인 비법은 없다. 왜냐하면 복잡계가 얽힌 운의 요소가 상당히 지배하기 때문이다. 특히 책을 쓰는 초보 작가라면 더욱 베스트셀러가 되기는 현실적으로 쉽지 않다. 오히려 '평생소원이었던 내 이름으로 된 책 한 권이 세상에 나왔다는 것'에 의미를 부여하는 것이 오히려 현실적이다.

나도 첫 책을 낸 후에 엄청난 베스트셀러가 될 수 있을 거라는 착각을 한 적이 있다. 그 생각은 어리석었다는 사실을 출판 후 얼마 되지 않아 온몸으로 느낄 수 있었다. 출판 시장은 승자 독식 구조다. 스타작가의 후속 작품이나 인플루언서의 책에 독자의 손이 많이 가는 것이 엄연한 현실이다. 다만 출판계에서 종종 회자하는 베스트셀러가 될 수 있는 확률, 3T라는 비법이 있다.

1) 타이밍(Timing)

출판가에서는 '책에도 자기 팔자가 있다'고 말하곤 한다.

출판사나 저자가 아무리 좋은 책을 만들었다고 해도 시장도 같이 열렬히 반응하기란 쉽지 않기 때문이다. 오히려 특별한 의도 없이 만들어진 책이 시대정신에 맞으면 출간시기가 잘 맞아 베스트셀러가 된 경우도 많다.

좋은 책이라는 평가에도 베스트셀러에 오르지 못한 책들은 시기적으로 너무 빨리 출간되었거나 너무 늦었거나 하는 시기의 문제일 수 있다. 예를 들면 최근에는 전 세계를 강타한 코로나19의 영향으로 사회적 거리 두기에 나선 사람들은 집콕 생활의 지루함을 해소하고, 경제 위기를 투자의 기회로 삼기 위해 책을 찾기 시작했다. 또한 부동산 급등에 따른 서울 아파트 매매 관련 도서, 유명 유튜버들이 쓴 책 들이 독자들의 높은 관심을 받고 있다.

2) 타깃팅(Targeting)

누구를 대상으로 할지 명확하지 않은 책은 시장의 외면을 받기 쉽다. 핵심 타깃이 분명하지 않으면 책의 내용 또한 애매해지기 때문이다. 모든 사람이 읽었으면 좋겠다며 기획된 책은 결국 아무에게도 선택되지 못하는 법이다. 나도 첫 번째 책으로 혜민 스님의 『멈추면 비로소 보이는 것들』을 감명 깊게 읽어서 『사람이 사람에게』라는 막연한 주제를 잡으려고 했다. 하지만 막상 집필하려고 했더니 독자층이 너무 넓어 진도가 도저히 나가지 않았다. 결국『마흔이 마흔에게』라는 주제로 타깃 명확히 한 후에야 본격적인 집필을 할 수 있었다. 결국『20대에 하지 않으면 안 될 50가지』처럼 타겟 층을 명확히 정하면 좋다.

3) 타이틀링(Titling)

일반적으로 사람들은 책을 고를 때 가장 먼저 표지 제목을 본다. 독자의 시선을 사로잡기 때문이다. 책 제목을 보고 표지를 살짝 본 뒤에 목차, 머리말 정도만 보고 단 1분 내외에 책 구매를 결정한다. 책은 결국 '제목 장사'라고 하는 이유가 다 있다.

짧은 시간 안에 독자의 마음을 훔쳐야 한다. 예를 들면 출판계에서 좋은 제목으로 회자하는『멈추면, 비로소 보이는 것들』,『칭찬은 고래도 춤추게 한다』,『나는 아내와의 결혼을 후회한다』,『남자의 물건』,『무궁화꽃이 피었습니다』등이 있다.

4) 마케팅과 홍보

최근 들어 출판사의 주머니 사정이 극도로 어려워지고

있다. 과거에는 초판에 3천 부를 찍었다면 요즘은 2천 부도 쉽지 않고 1천 부를 찍는 출판사도 많다.

결국 '단군 이래 최대 불황'이라는 출판시장의 위축이 요인이다. 그러므로 각 출판사는 비용 부담이 적은 SNS 블로그 바이럴 마케팅(서평 이벤트, 자체 블로그, 페이스북) 등을 한다. 그러므로 작가가 출판사만 쳐다보던 시대는 지났다. 출판사와 작가가 이인삼각 달리기경기를 하듯 함께 홍보를 해야 하는 시대다.

베스트셀러는 하늘이 내려준다

베스트셀러도 좋지만 사실은 스테디셀러가 더 실속 있다. 물론 베스트셀러가 되어야 스테디셀러로 갈 확률이 높다. 베스트셀러는 유행 따라 반짝 흥행하다 금방 인기가 없어질 수 있지만, 스테디셀러는 시간이 지나도 꾸준히 독자의 선택을 받기 때문이다. 오히려 멀리 봤을 때는 스테디셀러가 베스트셀러보다 더 금전적으로 이익이 될 수 있다.

최근 책 쓰기 시장이 과열되면서 '책 한 권을 내면 베스트셀러가 되고 외제차를 타게 된다'는 말이 있는데 전혀 사실이 아니다. 그런 일은 1년에 4만여 권의 책이 나오는 상황에서 우리 같은 초보 작가에게는 기적 같은 일이기 때문이다. 물론 첫 번째 책이 대박 나는 사람도 있다. 하지만 작가라는 소명을 다하기 위해 세상과 사람을 끊임없이 공부하는 마음가짐이 필요하다.

결국 베스트셀러는 시대적 상황이 맞는 주제여야 하며, 콘텐츠의 질도 좋고, 출판사도 선택과 집중을 통해 입체적으로 홍보해야 한다. 또 다양한 채널에서 추천하면서 판매에 날개를 달아 주어야 하고, 방송이나 인터넷에서 화제를 모아야 한다. 책 내용에 열렬히 반응하는 마니아층도 생겨야 한다. 이런저런 요소가 모두 결합하여야 비로소 베스트셀러가 탄생한다. 그렇게 되기 위해서는 솔직히 통제가 불가능한 운의 요소가 많이 작용한다.

결국, 우리가 할 수 있는 일은 출판사에서 홍보해야 될 거 같다는 판단이 들도록 해야 한다. 출판업계에서는 '베스트셀러는 하늘이 내려준다'라는 말이 있다. 모든 일은 진인사대천명(盡人事待天命)이라는 사실을 잊지 말자. 시장이 반응할 만한 좋은 원고만이 베스트셀러에 가까이 다가가는 유일한 방법이다.

기획_

시장에서 통하는 주제 선정

독자의 심장에
말 걸기

나의 본질과 시대정신이 있는 곳에 팔리는 주제가 있다

주제를 선정할 때는 신중에 신중을 기해야 한다. 주제는 책 제목과 연결되며 책의 출간 가능성에 가장 큰 영향을 미치기 때문이다. 또한 주제선정을 잘못하면 책 쓰기를 하는 몇 개월이 고난의 행군이 될 수 있다. 그러므로 주제는 '자신의 본질과 시대정신이 만나는 곳'에서 정해야 한다. 자신의 본질이란 그동안 자신이 '이겨왔던 습관을 정리하는 것'이다. 그래야 책의 신뢰성이 올라간다. 세계 경제 전망은 경제연구소 연구원이 써야 사람들이 인정한다. 평범한 농부가 쓰면 전문가에 비해 신뢰도가 다소 떨어질 수밖에 없다. 대신 귀농이나 유기농 과일

키우기 등의 주제를 쓴다면 전문성을 더 인정받을 수 있다.

책을 쓰고 싶은데 무슨 책을 써야 하는지 방향을 못 잡는다면 그 해답은 어느 누구도 줄 수 없다. 답은 당신만이 가지고 있다. 살아온 배경이 다르고 처한 환경이 다르기 때문에 다른 사람이 절대 정해줄 수 없다. 하지만 지금껏 당신이 살아온 이야기, 생생한 이야기를 당신의 책 속에 녹여내야 한다는 것만은 확실하다.

주제를 선정할 때 도움이 되는 첫 번째 질문

1. 지금 자신이 가장 경쟁력 있는 분야는 무엇인가?

2. 어렸을 때 장래 희망은? 지금 가지고 있는 꿈은 무엇인가?

3. 현재하는 업무는 무엇인가?

4. 무슨 일을 할 때 가장 행복한가?

5. 최근에 배우고 싶었던 것이 있는가?

6. 다른 사람을 가르쳐줄 수 있는 것이 있는가?

7. 살아오면서 주변으로부터 '너만이 할 수 있다'라고 칭찬받은 적이 있는가?

8. 밤을 새워서라도 해줄 수 있는 이야기보따리가 있는가?

9. 오늘의 당신을 있게 만든 가장 큰 영향을 미친 사건은 무엇인가?

10. 과거에 하고 싶었는데 환경이 안 되어 못한 것이 있는가?

11. 평소 가장 존경하는 사람은 누구인가?

12. 그동안 큰 상을 받거나 어려운 자격증을 취득한 적이 있는가?

13. 내가 관심 있는 직무나 앞으로 이직이나 창업을 통해 하고 싶은 사업 구상이 있는가?

위의 질문을 보고 잠시 답을 적어보며 조용히 생각해보자. 그동안 소홀히 했던 자신과 대면하자. 책 쓰기는 명상이나 정신수양과 비슷하다. 내 이름으로 된 책 한 권이 부끄럽지 않기 위해서는 내가 누구인지에 끊임없이 질문해야 하고 나온 답들이 책 속에 오롯이 녹아 있어야 한다. 결국 좋은 책은 당신의 살아온 인생 그 자체이기 때문이다.

주제를 선정할 때 도움이 되는 두 번째 질문

1. 출간 후 그 주제에 대한 강연 요청이 온다면 즐겁게 갈 수 있는가?

2. 관련 정보나 사례 수집이 쉬운가?

3. 팔릴만한 소재, 시장성이 있는 주제인가?

4. 가독성이 있는 재미있는 주제인가?

5. 당신의 일이나 삶에 큰 도움이 될 주제인가?

6. 자신의 정체성에 맞는가?

7. 40여 개의 목차로 나올만한 거리가 있는가?

8. 다른 책에 비해 차별성이 있거나 독창적인가? 독자층이
   명확한가?

세상에는 크게 두 가지 종류의 책이 있다. 독자들에게 경제적 성장에 도움을 주거나 심리적, 정서적으로 안정이나 마음의 평화를 주는 책이다. 여러분이 선택한 주제 또한 독자들에게 어떤 형태로든 큰 영향력을 미치는 책일수록 출판될 확률이 높다.

정리하면 주제를 정할 때 네 단계 흐름을 거치게 된다.

1) 당신은 이 주제로 쓰고 싶은가? (내적 동기)

2) 당신이 쓸 수 있는 내용인가? (내공 확인)

3) 책으로 나왔을 때 시장성이 있는가? (시장 확인)

4) 당신이 꼭 이 주제로 책을 써야만 하는가? (소명 의식)

여러분이 고려하는 주제가 네 가지를 모두 포함하는 교집합이라면 주제로 선정해도 무방하다. 드라마나 영화 시나리오 작가도 소재 결정에 가장 많은 시간을 쏟는다고 한다. 책도 마찬가지다. 소재가 얼마나 독특하고 차별화되는지가 성공의 핵심 요소다. 국내 출판시장에 하루에도 수십 권의 책이 쏟아져 나온다. 이미 대형서점에 많이 팔리고 있고 식상한 소재는 피하는 것이 좋다.

2015년에 출간되어 지금까지 꾸준히 육아 맘들의 사랑을 받는 책이 있다. 아이 밥걱정을 덜어주는 『유아 식판식』이라는 책이다. 맛과 시각적인 즐거움까지 모두 만족시키는 '우리 아이 영양 만점 식판 요리법'이라는 주제였다. 매끼를 어떻게 구성해야 할지 고민이 깊은 엄마들의 요구를 알게 된 작가는 자신의 경험과 함께 식판이라는 도구를 활용해 식단 짜는 책을 썼다. 육아 맘들에게 실질적인 도움을 주고자 만든 이 책은 오랜 시간이 지나도록 독자들의 선택을 받는 스테디셀러가 되었다.

결론적으로 내가 잘할 수 있는지와 시장의 니즈가 일치하는 곳에서 팔리는 책 주제가 정해져야 한다. 그리고 하나 더 보태면 다른 사람을 위한 '이타주의 마음'이 함께 한다면 금상첨화이다. 그런 책은 스스로 자생력을 갖고 많은 독자의 입소문을 통해 사랑을 받게 될 것이다.

내 상황에 맞는 주제 선정하기

주제 선정이 어렵다면 내 상황을 먼저 분석해보자. 나이, 성별, 직업, 가족관계, 나의 특장점 등을 일일이 적어보고 사람들이 필요로하는 나만의 노하우는 무엇인지, 책으로서의 가치가 있는 콘텐츠는 무엇인지 스스로 판단하고 주변에 물어보는 것도 좋다. 이 과정을 통해 책의 주제를 보다 디테일하게 찾을 수 있다.

첫 번째 사례

나의 상황 분석	가능한 책 주제
나이: 30대 후반(여) 직업: 워킹맘, SW 업체 근무 17년차 가족관계: 남편, 중학교 자녀 　　　　　　(전국 상위권 성적) 　　　　　　집에서 장녀 특징 : 살림의 여왕	『힌트: 자녀 공부법, 살림, 워킹맘』 - 30대 지금 당장 떠나라(힐링) - 대한민국에서 장녀로 살아간다는 것 　(처세술) - 4차 산업혁명 코딩능력이 중요하다 　(경제경영) - 워킹맘의 직장 분투기(자기계발) - 우리 아이 OO중 어떻게 갔나? 　(자녀교육) - 워킹맘 초간단 정리수납법(가정 분야)

두 번째 사례

나의 상황 분석	가능한 책 주제
나이: 40대 후반(남) 직업: 맞벌이, 공공기관 근무 　　　20년 차 직장인 가족관계: 아내, 중1 재학 외동딸 　　　　　보수적인 아내 　　　　　오래전 홀로되신 어머니 특징 : 민간 대기업 근무 경험 　　　취미가 독서	『힌트: 맞벌이, 공공기관, 홀로되신 어머니, 독서법』 - 대한민국에서 40대로 살아간다는 것(힐링) - 내 삶을 바꾸는 독서의 힘(자기계발) - 대한민국에서 공공기관에 근무한다는 것(자기계발) - 우리는 맞벌이 부부입니다(처세술) - 외동이라도 괜찮아(자녀교육) - 신新부모님 전상서(효, 처세술)

누군가의 이야기가 이렇게 책이 되었다

『난생처음 부동산 경매』

- 부동산 경매로 산 지금 집 포함 3건의 경매 경험을 책으로 낸 직장인 이야기

- 방송기술 관련 일을 하고 있었으나 시장성을 고려해 경매로 주제 변경

『1천 권 독서법』

- 삶이 너무 힘들어 극복하고자 3년간 치열하게 책을 읽었던 경험을 가진 워킹맘 이야기
- 사회복지사 관련 주제를 생각했으나 사회복지사 책 시장의 크기를 고려하여 취미로 했던 독서로 주제 변경

『지금 알려줄게요 미국대학원』
- 미국에 있는 대학원에 입학한 학생의 경험담
- 대학교 졸업 후 대학원을 가기까지 자신이 고생한 경험과 노하우를 담은 주제 선정

『사장의 세계에 오신 것을 환영합니다』
- 코스닥 상장 중소기업 CEO 경력을 주제로 정한 직장인 이야기
- 대기업이 아니라 중소기업 사장 경영학(사장의 회사 관리법)으로 타깃팅

『유대인 교육의 오래된 비밀』
- 20여 년간 창의성 교육업무의 노하우를 담은 주제 선정
- 대기업 및 공공기관에서 주로 교육업무를 수행하며 철학적 고민을 담은 자녀교육서

책은
제목 장사

3초의 마법

일반적으로 책을 구매하는 독자의 눈길을 따라가 보면 대개는 이런 순서로 흐르는 것을 알 수 있다.

표지(제목) → 뒤표지 → 표지 날개 → 저자소개 → 프롤로그 → 목차 → 본문

결국 모든 독자는 책 제목을 통해 처음 만나며 단 3초 안에

독자의 마음을 공략해야 한다. 아니면 다른 책을 집어드는 것이 냉혹한 현실이다. 참신한 제목으로 바쁜 독자의 마음을 훔쳐야 한다. 책이 출시되면 1~2주 정도 신간 코너에 머문다. 이때 팔리지 않으면 한두 권만 서가에 남기고 나머지는 출판사로 반품을 보낸다.

'책은 제목 장사다', '베스트셀러의 80퍼센트는 제목에 있다'라는 말이 있다. 특히 요즘은 서점을 방문하지 않고 온라인으로 책의 구성만을 보고 구매하는 비율이 높아졌기에 제목은 더욱 중요한 요소가 되었다. 그러므로 제목을 정할 때 얼마나 신선하고 독자와 공감할 수 있는가를 잘 고려해야 한다.

오랫동안 사랑받은 책 중에 『책은 도끼다』(박웅현), 『멈추면, 비로소 보이는 것들』(혜민 스님), 『선물』(스펜서 존슨) 처럼 독자로 하여금 무슨 내용인지 궁금증을 유발한다.

베스트셀러 중에는 보통 쉬운 단어들의 조합인 경우가 많다. 하지만 문장 자체로도 꽤 무거운 힘으로 다가온다. 책, 도끼, 보이는 것들, 선물 등 누가 봐도 쉽게 이해 할 수 있는 단어 조합이다.

출판시장에서 인상적인 제목으로 오래 사랑받는 책들도 있다. 『82년생 김지영』, 『미움받을 용기』, 『삐뽀삐뽀 119 소아과』, 『꽃으로도 때리지 마라』, 『언어의 온도』, 『죽고 싶지만 떡볶이는 먹고 싶어』 등이 있다.

『나는 죽을 때까지 재미있게 살고 싶다』 (이근후), 『나는 아직, 어른이 되려면 멀었다』 (강세형), 『나는 까칠하게 살기로 했다』 (양창순) 등 같은 나는 ~시리즈 제목은 저자의 경험을 살린 에세이나 자기계발서에 많이 적용된다.

제목에 있어 전설적인 이야기가 있다. 2002년 21세기북스에서 『유 엑설런트』라는 책을 출간했다. 이 책은 처음에는 겨우 2만 부가 팔렸다. 하지만 6개월 후 전략적으로 제목을 변경해서 다시 출간했고, 결과는 대박 반전이었다. 무려 50배에 달하는 100만 부 가까이 판매되는 기염을 토했다. 책 제목은 우리가 너무나 잘 아는 『칭찬은 고래도 춤추게 한다』다. 이 정도면 제목이 얼마나 중요한지 실감할 수 있을 것이다.

제목을 보완하는 부제와 띠지

제목과 함께 부제도 판매량에 상당히 중요하다. 제목으로는 만족할 수 없는 독자들은 반드시 부제를 찾게 된다. 부제는 제목에 힘을 실어 줄 뿐만 아니라 책 전반의 내용을 부연 설명하는 역할을 한다.

이지성 작가의 『리딩으로 리드하라』는 부제가 '세상을 지배하는 0.1퍼센트의 인문고전 독서법'이다. 나이토 요시히로의 『말투 하나 바꿨을 뿐인데』는 '일, 사랑, 관계가 술술 풀리는 40가지 심리기술'이라는 상세한 부제가 있다. 이런 부제는 책의 제목으로 이해 할 수 없었던 부분을 충족시켜준다. 책을 읽는 독자들에게 다가가 "이건 이런 내용입니다."라고 설명해준다. 그러므로 제목 못지않게 어떤 부제를 만드냐에 따라 흥행 여부에 큰 영향을 준다.

부제와 더불어 띠지도 광고로 치면 헤드라인이나 다름없기 때문에 중요한 요소다. 표지에 있는 제목, 부제, 띠지는 홍보 3인방으로 서로 합심하여 책을 사라고 독자를 유혹한다. 제목에서 못다 한 책의 내용을 부제와 띠지가 보완해 나가는 것이다. 내 책의 사례는 다음과 같다

첫 번째 책
 - 제목 : 토닥 토닥 마흔이 마흔에게
 - 띠지 : 40대 힘들고 지친 일상 속에서 하루하루 버티는 우리를 위하여
 - 홍보 카피 : 대한민국에서 40대 직장인으로 살아간다는 것

두 번째 책

　- 제목 : 유대인 교육의 오래된 비밀

　- 부제 : 탈무드에서 찾은 세계 1퍼센트 인재 교육법

　- 띠지 : 성장하는 아이, 존중받는 부모 '오천 년 유대인 자녀교육의 비밀'

　우리 아이 생각 그릇이 커지는 탈무드 자녀교육법

같은 분야 베스트셀러 제목의 공통점 찾기

　또한 본인이 출간하려는 책과 종류가 비슷한 책 제목들을 유심히 분석해 보는 것도 방법이다. 하지만 콘셉트나 정체성이 모호한 제목은 피해야 한다. 직감적으로 제목을 보고 책의 내용을 간파할 수 있어야 한다. 한마디로 제목을 보는 순간 본문이 읽고 싶게 만들어야 한다.

　하지만 제목을 짓는 몇 가지 공식과 별개로 불현듯 아이디어가 떠올라 짓는 제목이 정말 좋은 제목이 되기도 한다. 뭔가 독창적인 제목이 떠오르면 바로 적어 놓는 습관을 지니면 좋다.

전체적으로 출판 시장에서 잘 팔리는 제목은 몇 가지 공통점이 있다.

- 무슨 책인지 단번에 알기 쉽게 지은 제목
- 왜 이 책을 사야 하는지 이유가 담긴 제목
- 이 책을 사지 않았을 때 손해 볼 수 있다고 거부할 수 없는 조건을 제시하는 제목

그리고 책 내용에 따라 제목을 짓는 기술도 달라진다. 책의 콘셉트에서 뽑는 경우, 책의 세부 내용(비서처럼 하라)에서 뽑는 경우, 유명인(세종대왕, 이순신, 이건희 등)이나 유명 기업의 이름(애플, 삼성, 스타벅스 등)을 이용해서 짓는 경우, 스타 저자의 이름을 이용하는 경우, 현재 관심 높은 사회적 이슈에서 뽑는 경우 등이다.

어떤 저자는 제목을 100개 정도 무작위로 뽑은 후 그중에서 몇 개를 출판사와 협의를 통해 결정한다고 한다. 책의 제목은 나름의 전문성이 요구되는 부분이긴 하지만 우리 같은 초보자도 걱정할 필요가 없다. 책을 읽을 독자의 마음을 너무 잘 알고 있기에 작가가 지은 책 제목이 선정될 수도 있다. 나 같은 경우도 내가 정한 책 제목을 출판사에서 그대로 받아 주어서 고마워했던 기억이 있다. 하지만 여기서 주의할 점은 고객

을 유혹하는 자극적인 제목이 필요하지만, 사회 정서상 반감을 일으키는 제목은 오히려 독자들에게 거부감을 일으킬 수 있는 점을 잊지 말아야 한다.

제목이 이렇듯 책 판매량에 엄청난 영향을 미치기 때문에 출판사에서도 차라리 원고를 쓰는 게 낫지 제목을 정하는 과정은 나무나 고통스럽다고 볼멘소리를 하기도 한다. 특히 편집과 영업의 구분이 없는 소형 출판사의 경우 제목이 곧 출판사의 명운을 좌우한다고 해도 과언이 아니다. 그러므로 대표를 비롯한 모든 직원이 책 제목에 온 신경을 집중하게 된다.

결국 가제를 작가가 만들되 최종 결정은 출판사에 맡기는 편이 좋다. 출판사가 시장에서 통하는 제목을 더 정확하게 이해하고 있기 때문이다. 다만 예비작가는 책을 단번에 이해 시킬 제목과 부제, 띠지 카피를 참신하게 만들어 출판사에 꼭 제안 해 보자. 책은 제목 장사다. 책의 제목, 부제, 띠지 카피 한 줄이 많은 돈을 들인 광고보다 훨씬 더 큰 파괴력을 가진다는 점을 절대 잊지 말자.

팔리는 목차는
독자의 고민을 꿰뚫어 본다

목차는 레스토랑의 정갈한 메뉴판

"표지와 제목으로 책을 들게 하고 머리말과 목차로 책을 사게 하라. 그리고 본문 내용으로 입소문이 나게 하라"라는 말이 있다. 많은 사람이 책을 쓰고 싶어 하지만 시작도 못 하거나 초반에 포기하는 이유는 크게 두 가지다.

첫째, 책을 쓰는 방법을 모르고 전체 과정을 이해하지 못하기 때문이다. 둘째, 자신이 쓰고 싶은 주제에 맞는 목차를 제대로 만들지 못했기 때문이다. 특히 목차를 만들었다고 하더라도 본인만 알고, 남은 이해가 안 가는 군대 암호처럼 되어 있는 경우 출판까지 가기 쉽지 않다.

'목차가 출간의 80퍼센트다'라는 말이 있다. 주제와 그에 맞는 목차가 잘 짜였다면 순풍에 돛을 다는 격이다. 목차는 건물의 설계도다. 목차가 바르지 못하면 건축물이 비스듬히 올라가기 때문에 집도, 원고도 방향을 잃고 금방 무너지게 된다.

또한 목차는 레스토랑의 정갈한 메뉴판과 같다. 독자들의 구매 욕구를 확 당겨야 한다. '저를 사주세요!'라고 호소력 있는 목차가 구성되어야 한다. 출판사에서도 판매량에 가장 큰 영향을 미치기 때문에 투고 원고에서 목차를 가장 눈여겨 본다. 대부분 서점에는 장르가 비슷한 책들끼리 모여 있다. 목차의 차별화를 통해 경쟁 도서를 잡을 수 있어야 한다. 그렇기 때문에 나의 콘텐츠를 총정리하고 독자들의 호기심을 유발하는 목차를 구성해야 한다.

잘 만든 목차는 단순하다

목차는 무엇보다 단순해야 한다. 복잡하고 어려우면 안 된다. 그러므로 은유적인 표현보다는 구체적인 주제를 담고 있는 목차가 좋다. 그리고 임무를 수행하듯이 하나의 목차를 완성해 나가는 식으로 원고를 쓰다 보면 기나긴 본문을 쓸 때 쉽게 완주 할 수 있다. 또한 하나의 목차를 쓰는 데 물리적 시간과 전체 시간도 자연스레 알게 되면서 시간을 계획적으로 관리할 수 있게 된다.

책 내용의 완성도를 높이기 위해 숲과 나무를 동시에 보면서 목차를 완성해 가야 한다. 너무 작은 내용에 집중하다 보면 책 내용 전체가 지엽적인 내용만 다룰 가능성이 커지기 때문이다.

경쟁서나 관련 문서를 벤치마킹하여 후보군을 100여 개 찾고 나만의 사색을 통해 통합하고 압축하여 40여 개의 목차를 만들면 된다. 제목이 책 전체의 주제를 나타내는 리더 역할을 한다면 그 밑에는 제목을 뒷받침하는 5개의 장이 있어야 하며, 그 아래에는 40개의 목차가 있어야 한다. 40개의 목차가 마치 40명의 아이돌 그룹처럼 상호보완 역할을 하며 칼 군무로 팀워크를 이루게 된다.

무엇을, 왜, 어떻게

일반적으로 책은 '무엇을(WHAT), 왜(WHY), 어떻게(HOW)'라는 공통된 흐름을 지니고 있다.

WHAT은 공감을 이끌어 '무엇이 문제인가'라는 질문으로 독자들에게 공감, 문제점, 원인 등을 찾게 한다.

WHY는 앞장, 즉 공감에 대한 뒷받침이 되는 장이다. '왜 그랬어야 했는가?' 라는 질문으로 독자가 책을 통해 문제점, 원인 등의 이유를 찾게 한다.

HOW는 '어떻게 해야 할까?'에 초점을 맞춘다. 앞장에서 언급된 문제점들을 해결해 주는 솔루션이 된다.

결론적으로 장 제목은 '문제점 발견 → 해결'이라는 큰 흐름을 가진다. 장 제목의 흐름을 매끄럽게 이어주기 위해 목차는 각자의 개성 있는 색깔로 구성되어야 한다.

글 초반에는 책을 쓰게 된 동기, 독자에게 필요한 이유, 다른 사람들도 이런 고민을 한다는 공감대 형성이 필요하며, 글 중반에는 나만의 노하우와 팁 소개, 이 책을 통해 실용적으로 적용해 볼 수 있는 방법 제시, 실제 나의 경험담과 성과로 구성되어야 하며, 글 후반에는 제시한 해결책으로 문제를 해결한 사람들의 사례, 독자의 삶을 어떻게 변화시킬 수 있는지 등이 담겨 있어야 한다.

중복 없이, 누락되지 않도록

그럼 본격적인 목차 짜는 법을 알아보자. 경쟁 도서를 분석하는 것은 사전지식이 부족한 경우 많은 도움이 된다. 생각지도 못했던 기발한 아이디어가 떠오르기도 한다. 같은 주제의 경쟁 도서들이므로 목차의 상당 부분이 중복되지만, 간혹 그 책만의 독특한 목차가 있을 수 있다. 이런 경우 간과하지 말고 본문의 내용과 그 내용을 목차에 어떤 식으로 표현했는지 유심히 분석해 보아야 한다.

요즘은 번거롭게 서점을 찾아갈 필요도 없이 인터넷 서점에서 몇 번의 검색만 거치면 여러분이 쓰고자 하는 책과 동일한 주제로 쓴 책을 찾아볼 수 있다. 그리고 매력적인 목차들을 한글파일이나 엑셀로 옮겨 적어보자. 그리고 목차들을 분석하다 보면 반드시 뭔가 공통점이 보인다. 그런 핵심적인 내용은 내 책의 목차에도 반드시 넣어주면 좋다. 그리고 그동안 자신이 수집해 놓은 글감들과 함께 보면서 전체적으로 정리 작업을 한다. 마인드맵을 이용하는 방법도 좋다. 비슷한 것끼리 묶어서 정리하면 목차가 쉽게 나올 수 있다.

경영 컨설턴트들이 많이 쓰는 방법(M.E.C.E)을 통해 목차를 수정·보완하는 작업을 하면 단단한 목차가 나올 수 있다.

M.E.C.E는 Mutually Exclusive and Collectively Exhaustive 의 앞글자만 딴 단어로 '서로 중복 없이, 빠진 것 없이'를 의미한다. 이제껏 모은 재료들 역시 중복되는 자료들이 상당히 많다. 이런 중복 자료들은 빼고, 보태고, 하나로 만드는 과정을 통해 서론, 본론, 결론이라는 하나의 매끄러운 이야기가 완성된다. 그런 과정에서 좀 더 설명해야 한다면 중요한 내용이 빠졌으니 목차를 추가로 만들면 된다.

나는 이 작업을 할 때 주로 엑셀을 이용해서 이야기를 구성하고 목차 옆에 세부 구성내용을 적었다. 엑셀을 활용하는 이유는 스토리를 구성할 때 새롭게 추가하거나 빼기도 쉽고, 전체 내용을 한눈에 파악할 수 있기 때문이다.

또한 갑자기 전혀 상관없는 목차들이 생뚱맞게 들어간 경우가 있다. 이런 경우 독자들의 집중력을 떨어뜨릴 수 있다. 독자들은 일관성을 좋아한다. 최고의 목차는 작가의 메시지를 누구보다 쉽게 독자들이 이해 할 수 있게 한눈에 보이는 목차다.

결론적으로 목차를 만들기 위해서는 경쟁 도서 분석과 내가 가진 글감들을 종합 정리해 100개의 목차 후보를 만든 후 각 장의 주제에 맞게 재분류한다. 의미가 중복되거나 장 제목의 분위기에서 벗어나는 것은 과감히 버리거나 다른 장으로 이동시킨다. 깊은 사색을 통해 각 장에 배치된 목차의 수를 균

등하게 40여 개로 통일감 있게 압축하여 배치하면 전체 목차가 완성 된다. 통상 5개의 장과 각 장마다 8가의 목차로 이루어진다.

특히 본문 내용은 튀어도 목차는 굳이 너무 튈 필요가 없다. 여행지에서 만나는 친절한 안내원처럼 자연스럽게 본문 속으로 빠져들어 갈 수 있게 주도하면 된다. 그리고 목차는 언제든 바뀔 수 있다. 처음 구성한 목차 순서대로 절대 진행되지 않는다. 많은 내용을 소화하기 위해 목차를 두 개로 쪼개지기도 하고, 글감이 너무 빈약해 해당 목차를 없애는 경우도 생긴다. 목차는 그야말로 큰 틀이다. 절대 초안대로 진행되지 않는다고 스트레스받지 말고 유연하게 생각하자. 책이 주제에 맞게 더 단단해지고 있는 과정의 일부일 뿐이다.

하지만 책 쓰는 과정에서 목차를 만드는 시기가 가장 힘들지만 즐거운 과정이다. 40명의 개성 강한 아이돌 그룹을 만드는 기분이 들기 때문이다. 마치 자신이 보이그룹이나 걸그룹을 구성하는 빅히트, SM, JYP, YG 엔터테인먼트사의 대표가 된 기분이 들기도 한다. 이 책을 읽는 당신도 목차 만드는 과정에서 재미를 느끼길 바란다. 내가 재미가 있어야 독자의 호기심을 자극하는 신선하고 독창적인 목차가 만들어지기 때문이다.

목차 분석하기

목차 만드는 과정이 여전히 어렵다면 다른 도서의 목차를 먼저 보자. 아래는 내가 출간한 세 권을 기준으로 목차를 분석했다. 내가 생각하는 목차 구성과 어떤 차이점과 유사한 점이 있는지 찾아보고 벤치마킹해보자.

---

1) 『토닥 토닥 마흔이 마흔에게』 목차 분석

자기발견 → 회사 → 행복 → 결혼 → 미래비전
총 40개 목차 구성(5개 장 * 각 8개 목차)

1. 마흔, 진짜 나를 만날 시간(자기발견 편)
- 어린 시절 꿈 많던 소년은 어디로 갔을까?
- 내 인생의 베이스캠프를 치자
- 당신만의 북극성이 있습니까 등

2. 마흔, 그 사람의 심장에 말을 걸어라(회사 편)
- 나는 매일 사표 제출을 꿈꾼다
- 조직 전체의 프로세스를 이해하라
- 사내정치의 정석 등

3장 • 독자의 심장에 말 걸기

3. 마흔, 우리는 당장 행복할 수 있다(행복 편)

- 진짜 대화를 나누며 살자

- 꼰대인가 아재인가, 그것이 문제로다

- 지금, 이 순간 행복할 것 등

4. 마흔, 결혼을 서로 죽는 것이다(결혼 편)

- 앉아서 소변보는 남자

- 맞벌이, 그 전쟁 같은 삶에 대해

- 아이에게 즐거운 추억을 증여하자 등

5. 마흔, 내 인생의 라스트신(미래비전 편)

- 우리는 모두 시한부 인생

- 건강을 잃으면 모든 걸 잃는다

- 가족과 함께 웰메이드 드라마를 만들자 등

2) 『유대인 교육의 오래된 비밀』 목차 분석

1부 우리 아이 교육 이대로 괜찮은가? → 2부 생각 그릇이 커지는 탈무드 교육법 목차 구성

프롤로그_ 지금 대한민국 교육 현실에 필요한 것은 유대인 자녀교육법이다

1부. 우리 아이 교육 이대로 괜찮은가?

1장. 공교육과 사교육 사이에서 갈팡질팡하는 대한민국 부모들

2장. 대안은 없는가? 창의성과 인성, 두 마리 토끼를 잡는 유대인의 전인 교육

2부. 생각 그릇이 커지는 『탈무드』 교육법

1장. 가정철학_ '우리 아이의 첫 학교 가정', '가족'이라고 쓰고 '사랑'이라고 읽는다

2장. 자녀교육_ 자녀는 신이 맡긴 선물이다

3장. 창의성 교육_ 자녀를 가르치기 전에 눈에 감긴 수건부터 풀어라

4장. 인성 교육_ '나'가 아닌 '우리'로 사는 법을 가르쳐준다

5장. 하브루타_ '마침표 교육'에서 '물음표 교육'으로

에필로그_ 당신은 부모입니까? 학부모입니까?

3) 『작가는 처음이라』 목차 분석

지금 이 책의 목차는 여러분도 아시겠지만 책을 쓰는 과정 과정을 시간 순서대로 구성했다.

• 총 8개 장에 40여 개 목차로 구성, 독자들이 궁금한 부분은 8개의 TIP! 으로 별도 제작

작심(각오 다지기) → 준비(환경 설정) → 기획(콘셉트 잡기) → 수집(자료 수집) → 집필(본문 작성) → 계약(출판사 선택) → 홍보(마케팅) → 소명(작가로 살기)

출간기획서는
출판사에 보내는 러브레터

끌리는 책은 출간 기획서부터 다르다

직장생활 경험이 있는 사람이라면 사업계획서의 중요성을 너무 잘 알 것이다. 대부분의 기업은 연말이 되면 내년 사업 계획을 수립한다. 성과를 잘 측정할 수 있는 중점 성과지표 KPI 등을 통해 목표를 잘 달성하고 있는지 실시간 점검한다. 또한 경영환경의 변화에 적극적으로 대응해 수정해 나감으로서 그해 성과를 극대화 할 수 있도록 최선의 노력을 다한다.

그렇다. 책을 만드는 일의 시작이자 끝 또한 출간 기획서다.

출간 기획서는 기업의 사업계획서나 마찬가지다. 영화나 드라마를 만들 때도 시놉시스라는 이름의 기획서 만들면서 실질적인 프로젝트가 시작된다. 책이든 영화든 드라마든 기획서란 '이런 작품을 이렇게 만들겠다'라는 내용을 담은 문서이자 자기다짐이다.

출간 기획서를 쓰다 보면 머릿속에서 맴돌던 생각들이 체계가 잡히고 자신감이 생긴다. 기획서가 완성되면 자동항법장치가 서서히 작동된다. 책 쓰기뿐만 아니라 모든 삶의 영역에서 기획서가 나갈 방향을 제시한다.

나는 얼마나 시장성을 갖춘 준비된 작가일까

또한 출간 기획서는 출판사에 보내는 연애편지 같은 역할을 한다. 내 책을 판매하기 위해 설득하는 과정이다. 나의 원고는 이러한 차별화 포인트가 있어 많이 팔릴 겁니다. 그래서 '귀 출판사에서 출간해 주시면 감사하겠습니다' 상품 제안서와 같다고 보면 된다. 시대상, 경쟁 도서, 마케팅 포인트 등 은근히 자신과 책의 장점을 어필해야 한다. 그래야 출판사에서 연락이 온다. 아무리 친한 친구라고 해도 출판은 돈이 드는 냉철한 비즈니스이기 때문에 출판사의 선택을 받으려면 준비된 작가라는 확신을 주어야 한다.

출판사는 시장성을 가장 중요하게 생각한다. 여기서 말하는 시장성이란 책의 콘텐츠 경쟁력이든 아니면 저자의 스펙과 인맥을 활용하든 최소 초판 2천 부 이상 팔 수 있는지 판단한다. 대형출판사라면 최소 5천 부 이상을 목표로 삼는다. 요즘 같은 불황기에 출판사는 쉽게 모험을 하지 않는다.

특히 주제와 콘텐츠가 남다르고 특이하고 독창적인가를 우선으로 본다. 작가가 뭔가 남다른 인생을 걸어왔다면 더 좋다. 경쟁 도서와 차이점이 명확하거나 목차나 프롤로그가 눈길을 끌면 좋다. 특히 홍보와 마케팅에 대한 작가 나름의 방법과 역량이 있는 기획서면 금상첨화다. 요즘은 SNS의 영향력이 크기 때문에 유튜브, 페이스북, 블로그, 인스타를 통해 충분히 마케팅을 잘 할 수 있는 파워블로거와 인플루언서 활동 여부도 참고한다.

그러니 당연히 투고자가 운영하는 회사의 직원 수가 많은 사람의 기획서, 취미활동이나 동호회를 직접 운영하고 있다면 더욱 환영받는다. '생활의 달인'에 나올 법한 괴짜 같고 기인 같은 그런 저자 소개가 좋다. 약간 면접을 볼 때와 비슷한 느낌이 든다. "나는 OO에서 태어나 보수적인 아버지와 자상한 어머니 밑에서 자라나 내성적인 성격에서 활달하고 적극적인 성격으로 바뀌었다"는 식상한 자기소개서를 한다면 바로 투고 담당자가 메일을 열자마자 탈락시킬 수도 있기 때문이다. 거절할 수 없는 단 한 줄의 섹시한 카피 글을 가지고 있다면 더할 나위 없이 좋다. 결국 무조건 팔리는 책은 출판사가 절대 거절하지 못한다.

출판사를 사로잡는 출간 기획서의 요건

1. 제목과 부제

제목과 부제는 결국 출판사가 결정하게 된다. 하지만 책의 흐름을 가장 잘 알고 있는 작가가 시선을 사로잡을 제목과 부제를 제안한다면 출판계약을 이끄는 가장 큰 일등 공신이 될 것이다.

2. 작가 소개나 경력

책 표지 날개에 비중 있게 들어가고 독자는 작가에 대해 기본적으로 관심이 많다. 무슨 학교, 무슨 과를 졸업했고, 무슨 일을 하고 있는지 같이 흥미를 불러일으키지 못하는 소개서는 피하는 것이 좋다. 대신 스토리텔링 기법을 활용하여 이 책과 어느 정도 연관성이 있는 사람인지, 이 책을 쓰게 된 동기를 자연스럽게 연결해 쓰면 좋다. 요즘은 작가의 스펙보다 흥미롭고 다채로운 활동을 한 개성 있는 저자 소개가 트렌드로 자리 잡아가고 있다.

3. 시장 환경 및 기획 의도

지금과 같은 시대 상황에 왜 이 책이 나오게 되었는지를 어필해야한다. 왜 이 원고를 쓰게 되었는지, 얼마나 이 책이 독자에게 필요한 책인지를 자연스럽게 노출한다.

4. 타깃 독자층

1차 핵심 고객, 2차 확장 고객 등 주 독자층을 나름대로 제시해본다.

- 연령대가 20대, 30대, 40대 여부 등
- 직장인, 가정주부, 대학생, 전문직, 학부모 여부 등

  예시) 『작가는 처음이라』 책의 고객층

  핵심 독자층 : 30~40대 직장인 및 가정주부, 전문직 등

  확산 독자층 : 50~60대 직장인, 자영업자, 대학생 등

5. 핵심 콘셉트

책의 차별화 포인트는 무엇인지, 이 사회에 어떤 메시지를 줄 것인지를 구체적으로 쓴다.

6. 원고 방향

책의 내용에 관해 쓴다. 주제 및 소주제 등 가능한 한 핵심적인 목차를 쉽게 풀어쓰면 좋다.

7. 유사/경쟁 도서 분석

비슷한 콘셉트의 기존 책들을 비교 분석함으로써 내가 쓰는 책의 강점과 차별화 포인트를 어필한다. 유사 도서가 있다는 것은 시장이 이미 형성되어 있다는 뜻이다. 아예 없는 것보다는 출판사를 설득하기에 낫다.

8. 차별화 요소와 강점

책이 팔릴 수 있는 요소는 무엇인지, 독자층이 어떤 부분 때문에 이 책을 선택할 수밖에 없는지 설명한다.

9. 홍보 방안

최근 들어 1년에 1만 부 팔리는 책이 거의 없을 정도로 시장 상황이 좋지 않다. 그래서 점점 이 부분이 중요해지고 있다. 저자로서 자신이 운영하는 마케팅 채널 유무, 특히 팔로워 숫자 등이 중요하다. 작가가 책과 관련된 커뮤니티를 운영하고 있다든가 유명인이 이 책의 추천사를 써줄 수 있는지 등 책 판매하는 데 있어 유리한 마케팅 요소가 있다면 하나도 빠짐없이 기록한다.

10. 세부 목차
별도의 파일로 첨부하여 보낸다.

11. 샘플원고
핵심 내용이 담긴 경쟁력 있는 샘플 원고 2~3개 별도의 파일로 첨부하여 보낸다.

12. 전체원고
별도의 파일로 첨부하여 보낸다.

13. 기타
필요에 따라 출간 예상 시기, 예상 가격, 책의 분량, 일러스트 유무 등을 기재하면 된다.

추후 기회가 된다면 출판사와 함께 언론사에 배포할 보도 자료를 함께 써보면 좋다. 언론사에서 좋아할 만한 기사로 채택되기 위해서 강조해야 할 내용은 작가가 가장 잘 알고 있기 때문이다. 결론적으로 출판사는 출간 기획서가 마음에 들면 원고도 공들여 검토한다. 원고를 열어보기 전에 기획서만으로 계약할지가 1차 파악하고, 원고를 보고 최종 결정한다. 그러므로 나를 선택할 수밖에 없도록 매력적인 러브레터인 출간 기획안을 꼼꼼히 준비하자.

프롤로그로 유혹하고,
에필로그로 여운을 남겨라

프롤로그는 책에 대한 기대감을 주어 구매로 자연스럽게 이어지게 하고, 에필로그는 책에 대한 깊은 여운을 남겨 구전 효과가 일어나게 해야 한다. 그런 의미에서 프롤로그는 반드시 쓰는 게 좋다. 책의 자기소개이며, 독자와 첫 만남으로 첫 인상이 생기는 중요한 계기가 된다. 간혹 에필로그를 생략하는 작가들도 있지만, 꼭 쓰는 것이 좋다. 에필로그는 독자들에게 보내는 일종의 감사 편지의 의미가 있기 때문이다.

매혹적인 프롤로그

프롤로그는 나중에 고쳐도 되기 때문에 먼저 써두면 좋다. 분량이 A4 기준으로 2~3쪽 정도밖에 되지 않지만, 상징성 면에서 중요하기 때문이다. 특히 프롤로그를 쓰면서 자신의 각오를 구체화 할 수 있다. 이 책 한 권을 쓰기 위해 얼마나 많이 고민했고, 얼마나 많은 발품을 팔아 정성을 다했는 지 진심을 담아 덤덤히 써 내려가면 좋다.

프롤로그는 제목, 목차와 달리 제대로 된 책의 첫 부분이다. 문장력을 보여주는 첫 부분이며, 책의 콘셉트와 작가의 삶에 대한 가치관을 알 수 있다. 그래서 더욱더 신경 써서 작성해야 한다. 또한 책의 매력을 발산하여 독자를 유혹하고, 심지어 최면을 걸어 구매로 이어지게 해야 한다.

프롤로그를 쓸 때 가장 명심할 것은 사서 읽고 싶다는 욕구가 샘솟게 해야 한다. 영화의 예고편같이 매력적인 프롤로그를 쓰되 스포일러처럼 한 권을 다 읽은 것 같은 느낌을 주면 안 된다. 독자들이 계속해서 책을 읽도록 호기심만 자극하면 된다. 모든 것을 다 넣을 필요는 없기에 가장 임팩트 있는 내용들을 선별하여 채우면 된다.

특히 독자가 왜 이 책을 봐야 하며, 이 책을 통해 독자가 어떤 의미를 얻게 되는지 상세히 설명하면 된다. 그러므로 프롤로그는 '유혹과 요약'이라는 두 가지 축으로 구성된다고 할 수 있다.

책의 마지막을 빛내주는 에필로그

책을 마무리하며 못다 한 이야기가 있거나, 독자들에게 당부하고 싶은 별도의 메시지가 있다면 에필로그에 담으면 좋다. 이 책을 쓰기까지 감사함을 전하고 싶은 특별한 사람이 있거나 독자들이 이 부분만은 기억해 주었으면 하는 당부를 에필로그에 남기면 된다. 책을 쓰면서 작가가 느끼고 변화된 것을 담담하게 써 내려가도 좋다.

다만 에필로그는 본문에서 충분히 한 이야기를 다시 반복하거나 지나친 홍보성 글은 자제하는 편이 좋다. 그런 글을 쓸 바에는 차라리 에필로그 없이 깔끔하게 끝내자. 프롤로그가 독자의 마음을 끄는 시작점이라면 에필로그는 독자가 책에 대한 좋은 감정을 가질 수 있게 하고, 주변에 추천 해주고 싶은 마음을 심어주는 마무리 글이기 때문이다.

트렌드에 맞는 저자소개

요즘에는 경력 사항을 스펙 위주로 써 놓기보다 재치있는 저자소개가 인기다. 온라인에서 활동한 작가도 많다보니 필명으로 낸 책도 있다. 그만큼 자기소개가 형식에 얽매이지 않고 점점 자유로워지고 있다.

다만 내가 쓴 책이 어떤 콘텐츠를 담았는지에 따라 자기 소개도 달라져야 한다. 자신의 직업과 관련된 콘텐츠를 썼다면, 어떤 성과를 내온 전문가인지 쓰는 게 좋다. 예를 들어 호스피스 병동의 간호사가 쓴 심리에세이라면 간호사의 경험이 잘 드러난 소개가 되어야 한다. 에세이 분야는 저자의 매력이 좀 더 드러날 수 있도록 쓴다. 최근에 눈에 띄는 저자소개는 다음과 같다.

박정민 『쓸 만한 인간』
작가는 아니다. 글씨만 쓸 줄 아는 그저 평범한 당신의 옆집 남자. 가끔 텔레비전이나 영화에 나오기도 한다.

이기주 『말의 품격』
글을 쓰고 책을 만든다. 쓸모를 다해 버려졌거나 사라져 가는 것에 대해 쓴다. 고민이 깃든 말과 글에 탐닉한다. 가끔은 어머니 화장대에 은밀하게 올려놓는다.

신뢰도를 높이는 추천사

추천사의 효과는 어떤지 참 모호하다. 유명인이 추천했다는 이유만으로 책 판매량에 영향을 주는지 말이다. 출판계 담당자들도 궁금해하는 부분이다. 책의 성격에 따라 차이는 분명 있을 것이다. 추천사는 출판사에서 진행할 때도 있지만 보통 저자가 직접 진행한다. 출간 일정이 막바지로 갈수록 촉박해지기 때문에 추천사가 늦어지지 않도록 미리 여유 있게 챙기면 좋다. 무엇보다 추천사를 받기 전에는 어떤 분들에게, 어떤 내용으로 받으면 좋을지 반드시 에디터와 충분히 상의해야 한다.

표지 디자인

표지 디자인은 작가가 어느 정도 의견을 낼 수는 있지만 거의 출판사의 고유영역이라고 봐야 한다. 보통 표지 디자인으로 3~5개 정도 시안을 출판사에서 만들어 준다. 아무래도 작가인 만큼 자신이 만든 책의 결에 맞는 마음에 드는 디자인을 출판사에 추천하면 된다. 디자인 시안은 많을수록 좋긴 하지만 디자인 시안을 만들면 별도의 비용이 발생 할 수 있다. 그러므로 출판사와 시간적, 경제적인 부분을 고려해서 잘 협의해 진행하면 된다.

경쟁 도서 프롤로그의 장점을 훔쳐라

그런 의미에서 경쟁 도서의 프롤로그를 연구해서 분석해 보면 내책이 나아갈 방향에 대해 많은 도움을 받을 수 있다. 나의 두 번째 책,『유대인 교육의 오래된 비밀』프롤로그를 첨부해 본다. 이해하는 데 도움이 되길 바란다.

지금 대한민국 교육 현실에 필요한 것은
유대인 자녀 교육법이다

오늘도 대한민국은 세상에서 가장 숨 가쁘게 돌아간다. 부모는 부모대로 아이는 아이대로 각자 저마다의 역할에 최선을 다한다. 우리나라는 6.25 전쟁으로 폐허가 된 아픔을 '한강의 기적'으로 뒤바꾼 자랑스러운 민족이다. IMF의 위기도 전 국민의 '금 모으기' 운동을 통해 한 방향 한 뜻으로 극복해 나갈 수 있었다. 하지만 지금 대한민국을 들여다보면 모두가 불행하다고 말한다. 경제적으로 과거보다 월등히 더 잘살게 되었지만 남녀노소 상관없이 헬조선에서 저마다 하루하루가 힘들다고 말한다.

부모들은 세상에서 가장 많은 근로시간에 청춘을 바친다. 아이들도 세계 최고의 학습 시간을 자랑한다. 모두가 행복해지기 위해 살아가는데 점점 더 불행한 아이러니한 세상이 지금 우리의 모습이다.

이 책은 가정과 학교에서 이런 우리의 모습을 멈춰서 천천히 돌아보자는 의미에서 기획되었다. 특히 너무나 소중한 우리 아이들의 꿈을 찾아주기 위한 목적이 있다.

유대인의 탈무드를 기반으로 4차 산업혁명 시대를 이끌어갈 미래인재 양성을 위해 창의적인 생각, 즉 '생각 그릇'을 키우기 위한 가정의 역할에 대해 진지하게 고민하는 책이다.

이 책의 결론은 크게 세 가지로 요약할 수 있다.

첫째, "우리 아이들은 모두 인재다"라는 것이다. 이 책을 관통하는 핵심 내용이다. 대한민국 교육 현실에서 '국·영·수' 등 주요 과목 성적을 중심으로 한 줄로 세운 아이들 가운데 1등은 그 반에 단 한 명이다. 하지만 아이들이 가진 저마다의 '달란트'로 '꿈과 끼'를 평가하면 모든 아이는 각양각색의 재능을 가지고 있다. 따라서 우리나라 교육에서는 '루저'이지만 교육 환경이 다른 곳에서는 또는 우리가 조금만 인식을 바꾼다면 우리 아이들 모두가 1등이 될 수 있다.

둘째, 세계 최고의 인재를 만드는 유대인 자녀교육은 뭔가 드라마틱한 필살기가 없었다. 그냥 가정에서 가족 간에 존중하고 격의 없는 대화가 있었을 뿐이다. 특히 가정이나 일상 속에 '가족을 사랑하는 마음'이 흐르고 있는 것을 느낄 수 있었다. 그리고 끊임없는 대화와 토론을 통해 다른 사람의 의견을 존중하며, 지식의 확대 재생산이 자연스럽게 이루어지고 있었다.

셋째, 비단 교육 문제뿐만 아니라 현재 우리나라가 겪는 다양한 사회문제를 해결하기 위해 유대인의 교육철학 특히 하브루타식 토론 방법이 대안이 될 수 있다는 확신이 들었다.

- 중 략 -

이 책은 전문가의 입장이 아닌 공교육과 사교육 사이에서 고민하는 평범한 학부모로서 다른 사람이 아닌 내 자식의 인생을 생각하는 깊은 고찰에서 시작된다. 당분간 바뀌지 않을 한국 입시 제도를 고려하여 일방적인 이상주의적 글이 아닌 날 것 그대로 이 시대를 살아가는 학부모들의 고민을 담고자 노력했다.

20년간 학생들의 창의성에 답을 찾고자 동분서주했던 이야기들을 토대로 유대인 관련 연구는 물론 국내외 최고의 현자들이 말하는 자녀교육의 공통분모를 뽑아내고자 노력했다. 여러 가지로 많이 부족한 이 책을 통해 우리 아이들의 생각 그릇이 커져서 인성과 지성을 겸비한 글로벌 리더가 많이 나올 수 있기를 간절히 소망해본다.

지피지기면 백전백승! 출판 트렌드 분석

- -

#슬기로운 집콕 생활

#동학 개미 운동

#북 도슨트 #고전의 재발견

#팬덤셀러

#한 줄 교양

• 집계 기간: 2020년 1월 1일 ~ 2020년 5월 31일, 출처 YES24

대한민국 대표 서점 예스24(www.yes24.com)는 2020년 상반기 국내 사회의 다양한 변화와 도서 판매 자료를 바탕으로 올해 출판 트렌드 키워드를 #슬기로운 집콕생활 #동학 개미 운동 #북도슨트 #고전의 재발견 #팬덤셀러 #한 줄 교양 등으로 제시했다.

전 세계를 강타한 코로나19의 영향으로 사회적 거리두기에 나선 사람들은 집콕 생활의 지루함을 해소하고, 경제 위기를 투자의 기회로 삼기 위해 책을 찾기 시작했다. 이러한 움직임으로 인해 예스24의 전체 도서 판매량은 전년 동기 대비 16퍼센트 가량 늘어났다.

또한, 독자들은 박물관이나 미술관 등에서 관람객들에게 전시물을 설명하는 도슨트처럼 독자들의 눈높이에 맞춰 책을 추천하고 쉽게 설명해 주며 일명 '북 도슨트'를 자처하는 텔레비전 프로그램과 방송인들이 소개하는 도서에 열광했다. 이와 함께 크리에이터와 팬덤을 구축한 드라마, 작가들까지 인물 또는 작품에 대한 팬심으로 관련 도서를 구매하는 경향이 두드러지게 나타났다.

#슬기로운 집콕생활

코로나19 팬데믹은 2020년 상반기 출판 트렌드에도 지대한 영향을 미쳤다. 지역사회 감염 차단을 위한 사회적 거리두기로 인해 집콕 생활이 계속되며 어린이/청소년, 건강/취미, 소설/시/희곡 및 에세이 등 여러 도서 분야의 판매량이 눈에 띄게 증가했다.

교육부가 첫 개학 연기를 발표한 2월 23일부터 3월 15일까지 3주간 어린이/청소년 문학 도서 판매량은 작년 동기 대비 70.8퍼센트 증가하며 최근 3년 가운데 가장 높은 판매 증가세를 보였다. 이 기간의 어린이 문학 베스트셀러는 『아홉 살 마음 사전』, 『117층 나무 집』, 청소년 문학 베스트셀러는 『시간을 파는 상점』, 『페인트』, 『아몬드』 등 '한

학기 한 권 읽기' 수업에 많이 활용되는 도서들이 주를 이뤘다. 이는 늘어난 방학 기간 동안 국어 과목 학습에 필요한 문학 작품을 아이들에게 미리 읽도록 지도하려는 학부모의 영향으로 분석된다.

같은 기간 동안 자녀교육서 카테고리 내 놀이 교육 분야 도서도 작년 동기 대비 96.4퍼센트 증가하며 최근 3년 중 가장 높은 판매 증가율을 기록했다. 이 분야에서는 『세상에서 제일 쉬운 그림 그리기』, 『창의 폭발 엄마표 실험왕 과학놀이』 등 그림 그리기, 과학 실험과 같이 집에서 아이와 함께 간편히 즐길 수 있는 놀이를 소개한 도서가 베스트셀러로 나타났다.

어른들도 사회적 거리두기 시행 기간인 3월 22일부터 5월 5일까지 집에서 즐길 수 있는 취미활동에 몰두했고, 이는 관련 도서의 판매량 증가로 이어졌다. 건강/취미 분야 도서의 판매량은 전년 동기 대비 36.7퍼센트 증가했고, 『펭아트 #컬러링북』, 『펭아트 #페이퍼토이북』, 『나도 손글씨 바르게 쓰면 소원이 없겠네』 등 장소에 구애 받지 않고 할 수 있는 취미 도서와 『하체 밸런스 스트레칭』, 『백년운동』, 『라미의 잘 빠진 다이어트 레시피』 등 실내 운동 및 건강 관련 도서들이 인기를 끌었다.

문학 도서로 지루한 집콕 시간을 이겨내려는 독자들의 영향으로, 같은 기간 동안 소설/시/희곡 및 에세이 분야 도서 판매량은 지난해 같은 기간보다 21.4퍼센트 늘어났다. 『페스트』, 『호밀밭의 파수꾼』, 『데미안』 등 tvN '요즘 책방' 소개 도서가 다수 베스트셀러 순위에 이름을 올렸으며, 『1cm 다이빙』, 『나는 나로 살기로 했다』, 『사랑한다고 상처를 허락하지 말 것』 등 어렵고 힘든 상황을 위로해 주는 에세이류도 독자들의 손길을 이끌었다.

#동학 개미 운동

올해 상반기에는 코로나19의 영향으로 세계적인 경제 위기가 불어 닥쳤고, '동학 개미 운동'이라는 신조어가 탄생할 만큼 위기를 기회로 삼아 투자를 시작하려는 개미 투자자들의 관심이 두드러졌다. 이러한 영향으로 투자/재테크 분야 도서의 상반기 판매량은 전년 동기 대비 76.2퍼센트 급증했으며, 주식/증권 분야 도서의 판매량은 155.2퍼센트로 크게 늘었다. 특히, 주식/증권 분야 판매량은 주식 시장에 적극적으로 뛰어든 개인 투자자들의 힘으로 『선물 주는 산타의 주식투자 시크릿』, 『주식투자 무작정 따라하기』 등 초보자들도 쉽게 주식을 접할 수 있도록 돕는 주식

투자 입문서가 견인했다.

올해 상반기 주식/증권 분야 도서의 구매자는 남녀 6대 4로 비슷한 비율을 보였다. 이는 남녀 7대 3의 비율이었던 전년 동기에 비해 여성 구매자의 비율이 소폭 증가한 수치로, 투자에 대한 여성의 높아진 관심을 엿볼 수 있다.

또한, 이번 경제 위기로 '부'에 대한 본질적인 관심이 높아지면서, 『내일의 부』시리즈를 비롯해 『부의 추월차선』, 『부의 인문학』등 전설적인 국내외 투자자들이 부에 대한 원리나 철학에 대해 고찰한 도서도 인기를 끌었다.

#북 도슨트 #고전의 재발견

독자들의 눈높이에 맞춰 책의 내용을 쉽고 재미있게 설명해 주는 '북 도슨트'의 영향력이 날로 커지고 있다. 최근 가장 대표적인 북 도슨트로 떠오른 tvN '요즘책방'은 어렵고 낯설게 느껴지던 고전 스테디셀러를 핵심 내용 중심으로 알기 쉽게 풀어내며 고전의 베스트셀러 역주행을 이끌었다.

20세기에 출간된 요즘책방 소개 도서 중 방송일 이후 2주 간 가장 많이 판매된 도서는 『페스트』, 『데일 카네기 인간관계론』, 『설민석의 삼국지』, 『코스모스』, 『아내를 모자로 착각한 남자』순이다. 이들 도서의 판매 증감률은 약 2배에

서 13배까지 큰 변화를 보였고, 예스24 상반기 종합 베스
트셀러 50위 내에 모두 이름을 올리며 상반기 출판계에 지
대한 영향을 미쳤다.

또한, 북 도슨트로 나선 유명인의 소개 도서들도 독자들
의 눈길을 이끌었다. 올리브 예능 프로그램 '밥블레스유 2'
에 출연한 배우 문소리가 상대방의 마음에 공감하는 방법
을 소개하며 내용을 인용한 『당신이 옳다』는 방송 이후 2주
만에 판매량이 1,403퍼센트 증가하며 예스24 상반기 종합
베스트셀러 10위에 올랐다. EBS 부모 특강 '0.1퍼센트의
비밀: 메타인지' 방송의 주제가 된 『메타인지 학습법』의 판
매량은 2,260퍼센트 늘며 53위에 자리했다.

#팬덤셀러

올해는 대중의 마음을 사로잡은 다양한 인물, 작품에 대
한 '팬심'이 관련 도서까지 이어지며 '팬덤셀러'의 활약이
두드러졌다. 수 많은 어린이에게 열렬한 지지를 얻고 있는
인기 유튜브 크리에이터 '흔한남매'의 이야기를 만화로 담
은 『흔한남매』 시리즈는 2020년 예스24 상반기 종합 베스
트셀러 1위를 차지한 『흔한남매 3』을 포함해 도서 4종 모
두가 100위 안에 이름을 올리는 저력을 보였다. 또한 남녀

노소를 막론하고 큰 사랑을 받으며 신드롬을 불러일으킨 EBS 크리에이터 '펭수'의 에세이 다이어리『오늘도 펭수 내일도 펭수』는 예약판매를 시작하자 네이버 검색어 1위를 기록했고, 판매 개시 3시간 만에 판매량 1만 부를 돌파하며, 예스24 상반기 종합 베스트셀러 17위를 기록했다. 이를 비롯해 펭수의 유튜브 채널 개설 1주년을 기념한 화보 매거진『펭수, 디 오리지널』, 펭수를 직접 만들어 볼 수 있는 체험형 아트북『#펭아트 #페이퍼토이북』도 200위권에 오르며 펭수의 인기를 입증했다.

연예인과 연예인 못지않은 팬덤을 구축한 작가들에 대한 팬심도 힘을 발휘했다. 우리 시대가 다시 소환한 가수 '양준일'의 포토에세이『양준일 MAYBE 너와 나의 암호말』은 판매 3시간 만에 판매량 약 7천 부를 돌파했고, 예스24 상반기 종합 베스트셀러 11위에 자리했다. 강화길, 김봉곤, 김초엽, 이현석, 장류진, 장희원, 최은영 등 든든한 팬층을 보유한 젊은 작가들의 작품이 수록된『2020 제11회 젊은 작가상 수상작품집』은 36위에 오르며 인기를 과시했다.

인물 뿐 아니라 팬덤을 형성한 영화, 드라마 등의 작품에서 파생된 도서도 화제를 나왔다. 아카데미 시상식 4관왕을 거머쥔 영화 '기생충'의 기록을 담은『기생충 각본집

& 스토리보드북 세트』의 판매량은 아카데미 시상식 발표일인 2월 10일을 기점으로 2주간 1804퍼센트 증가했으며, JTBC 드라마의 원작이 된 동명의 소설『날씨가 좋으면 찾아가겠어요』와 작가의 전작『사서함 110호의 우편물』의 판매량은 드라마 제작 발표일인 2월 17일을 기준으로 2주 간 각각 961퍼센트, 282퍼센트 증가했다.

#한 줄 교양

독자들은 많은 양의 지식을 한꺼번에 담은 교양서 보다는 다방면의 지식을 한 줄, 혹은 한 페이지에 조금씩 담아낸 교양서에 관심을 보였다. 역사, 미술 등 다양한 분야의 지식을 하루에 한 페이지씩 365일 동안 읽을 수 있도록 구성된『1일 1페이지, 세상에서 가장 짧은 교양 수업 365』는 예스24 상반기 종합 베스트셀러 4위를 차지했고, 여러 지식 분야를 장별 담아낸『지적 대화를 위한 넓고 얕은 지식』시리즈는 예스24 상반기 종합 베스트셀러 100위권 내 2종이 자리할 만큼 인기를 얻었다.

자녀 교육서에서도 습관처럼 꾸준히 교양을 쌓을 수 있도록 돕는 도서에 대한 관심이 높았다. 아이들의 내면의 힘을 키워주는 인생 문장 100개를 수록한『아이를 위한 하루 한

줄 인문학』은 예스24 상반기 종합 베스트셀러 87위를 차
지했고, 아이의 문해력을 기를 수 있는 1일 1질문을 담은
『하루 한마디 인문학 질문의 기적』은 200위권에 이름을
올렸다.

이러한 인기에 힘입어 『어른을 위한 친절한 지식 교과서
1~2세트』, 『우리 역사문화사전』, 『좋아하는 철학자의 문장
하나쯤』, 『세상의 통찰 철학자들의 명언 500』등 폭넓은 지
식 분야를 짤막하게 담아낸 도서들의 출간이 꾸준히 이어
지고 있다.

예스24 베스트셀러 분석

순위	분야	도서명
1	자기계발	더 해빙
2	어린이	흔한남매 3
3	국어 와국어 사전	해커스 토익 기출 보카
4	인문	1일 1페이지, 세상에서 가장 짧은 교양 수업 365
5	어린이	흔한남매 4
6	인문	지적 대화를 위한 넓고 얕은 지식 제로
7	어린이	설민석의 한국사 대모험 13
8	인문	내가 원하는 것을 나도 모를 때
9	소설/시/희곡	날씨가 좋으면 찾아가겠어요
10	인문	당신이 옳다

미국 선(先)출간으로 화제가 된 『더 해빙 The Having』
2020년 상반기 최다 판매 도서로 등극했다. 예스24 역대
베스트셀러로는 2019년에는 소설가 김영하의 여행 에세이
『여행의 이유』가, 2018년에는 곰돌이 푸가 전하는 힐링 에
세이 『곰돌이 푸, 행복한 일은 매일 있어』가 선정된바 있다.

1. 성 연령별 판매권 수 점유율

상반기 성 연령별 도서 구매 비율은 40대가 46퍼센트,
30대가 21.5퍼센트로 가장 높은 비중을 차지했다. 전년 동
기 대비 30대는 2.2퍼센트 하락했지만 40대는 1.8퍼센트
증가한 것으로 나타났다. 올 상반기 남녀 구매자 비율은 전
년과 동일한 3대 7로 여성 독자 비율이 높다.

2. 종합 베스트셀러 판매 동향

2020년 상반기는 코로나19 장기화에 따라 학생들의 개
학이 연기되는 사상 초유의 사태가 발생하며, 어린이 분야
도서의 활약이 두드러졌다. 상반기 종합 베스트셀러 2위에
등극한 인기 유튜브 크리에이터 '흔한남매'의 세 번째 이
야기 『흔한남매 3』을 필두로, 후속작인 『흔한남매 4』도 상
반기 종합 베스트셀러 5위에 올랐다. 어린이들에게 한국사

를 재미있게 전달하는『설민석의 한국사 대모험 13』은 7위, 어린이를 위한 추리 동화 시리즈『추리 천재 엉덩이 탐정 9』가 20위로 나타났다. 2020년 상반기 베스트셀러 1위에 등극한『더 해빙 The Having』을 중심으로『하버드 상위 1퍼센트의 비밀』,『에이트』등 새롭게 도래한 시대에 남들 보다 앞서 나갈 수 있는 비법을 담은 자기계발서의 활약이 두드러졌다.

　tvN 교양 프로그램 '요즘책방'에 소개된 도서들의 인기도 뜨겁다. 현대 천문학을 대표하는 과학자 칼 세이건의『코스모스』가 12위, 페스트의 확산으로 폐쇄된 도시의 이야기를 그린 알베르 까뮈의 고전『페스트』는 16위를 차지했다. 명확한 데이터와 통계로 팩트의 중요성을 일깨우는『팩트풀니스』는 19위다.

　한편, 지치고, 힘든 마음을 책으로 위로받고자 하는 독자들이 늘어나고 있다. 마음을 치유할 수 있는 '인생 문장'으로 나를 되돌아볼 수 있게 해주는 인문 에세이『내가 원하는 것을 나도 모를 때』가 8위를 기록했다. Olive 예능 프로그램 '밥블레스유 2'에 출연한 배우 문소리의 추천 도서『당신이 옳다』는 10위, 현실에서 1cm 벗어나는 행복을 찾기 위한 방법을 일러주는『1cm 다이빙』은 15위에 이름을 올렸다.

3. 종합 베스트셀러 100위권 분야별 분포도

100위권 내 어린이, 자기계발, 인문, 경제 경영 분야 상
승세, 수험서 자격증 분야 하락세가 두드러졌다. 예스24에
서 집계한 2020년 상반기 종합 베스트셀러 100위권 도서
의 분야별 분포도를 보면, 어린이 분야가 22권으로 지난해
동기 대비 2권 증가하며 순위 내 가장 많은 도서를 올렸다.
특히 인기 유튜브 크리에이터 흔한남매의 이야기『흔한남
매』시리즈를 필두로,『설민석의 한국사 대모험 13』,『설민
석의 세계사 대모험 4』,『정재승의 인간탐구보고서 2』등
분야별 전문가가 선보인 어린이 학습 도서들이 어린이 분
야 내에서 인기를 얻었다.

전년 동기 대비 6권 증가로 12권을 기록한 자기계발 분
야에서는 종합 베스트셀러 1위이자 국내 최초 미국 선(先)
출간으로 화제가 된『더 해빙 The Having』을 비롯해『아주
작은 습관의 힘』,『해빗 HABIT』등 습관과 관련된 도서와
『데일 카네기 인간관계론』,『타인의 해석』,『말센스』등 관
계에 대한 도서가 다수 차지했다.

『팩트풀니스』,『설민석의 삼국지』,『사피엔스』,『아내를
모자로 착각한 남자』등 tvN '요즘책방' 소개 도서와『1일 1
페이지, 세상에서 가장 짧은 교양 수업 365』,『지적 대화를

위한 넓고 얕은 지식 제로』,『지적 대화를 위한 넓고 얕은 지식 2』등 교양 입문서의 인기로 인문 분야는 11권을 기록했다.

상반기에 불어 닥친 코로나19의 영향으로 투자 및 재테크에 대한 관심이 증가함에 따라『존리의 부자되기 습관』,『재무제표 모르면 주식투자 절대로 하지마라』,『내일의 부』,『부의 추월차선』등 관련 도서가 상반기 종합 베스트셀러에 다수 등극했다.

반면, 수험서 자격증 분야 도서는 코로나19로 인해 각종 자격증 시험이 연기된 영향으로 6권이 감소한 것으로 나타났다.

4. 분야별 국내도서 판매권 수 점유율 및 판매 증감률

2020년 상반기 분야별 도서 판매 권 수 점유율에서는 중고등학습서가 17.4퍼센트를 기록하며 작년에 이어 올 상반기에도 1위를 유지했다. 어린이 도서와 초등학습서는 각각 11퍼센트와 9.8퍼센트로 2위, 3위를 차지했다.

전년 동기 대비 판매권 수 증감률은 대학교재가 96퍼센트로 큰 성장세를 보였다. 이는 코로나19의 영향으로 대학이 온라인 개강을 진행함에 따라 캠퍼스 내 서점에서 온라

인 서점으로의 구매처 변화가 나타났기 때문으로 분석된

다. 반대로 여행 분야 도서의 경우 54.9퍼센트 감소했다.

수집_
프로 수집러 되기

4장

지식의 양이
지식의 질을 결정한다

자료 수집은
책 쓰기의 심장

모르기 때문에 공부하고, 쓰고 나서 비로소 알게 된다

어떻게 보면 이 책의 가장 중요한 부분이 아닐까 생각한다. 많은 사람이 책을 내지 못하는 이유가 자료를 참고해서만든 다고 생각하지 못하기 때문이다. 온전히 나의 생각만으로 두 꺼운 책을 다 채워야 한다는 막연한 두려움이 책 쓰기 결심을 방해한다. 물론 지금까지 살아오면서 이룬 성과가 많고 그것을 어떤 형태로든 따로 정리해둔 사람이 있다면 손쉽게 책을 낼 수 있을 것이다. 하지만 지금까지 별도의 자료를 모아두지 않왔거나 내가 살아온 영역과 상관없는 주제로 글을 써야 한다면 더욱더 철저히 공부를 해야 한다.

'모르기 때문에 쓴다. 쓰고 나서 비로소 알게 된다'라는 말이 있다. 책 쓰기는 해당 주제에 대해 호기심을 가지고 바닥까지 파고들어 연구하는 일이다. 이것은 좋은 책을 세상에 내서 전문가로 인정받게 되는 과정이다. 책 쓰기의 핵심은 공부다. 좋은 콘텐츠란 결국 '자료수집 → 공부 → 사색을 통한 자기화'의 흐름을 가진다. 이것이 책 쓰기의 모든 것이고, 작가의 본질이다.

직장인들 사이 자기계발의 대가로 불렸던『익숙한 것과의 결별』,『필살기』를 집필한 고(故) 구본형 작가의 경우 대학에서 사학을 전공했다. 대표이사로 기업을 경영한 적도 없다. 하지만 관련 연구를 하고 좋은 책을 써서 결국 한국 최고의 경영 전문가로 인정받게 되었다. 자료의 양이 많을수록 원고의 질은 올라간다. 책 쓰기는 나의 이야기와 세상의 이야기가 화학적 결합을 통해 탄생한다. 처음부터 끝까지 내 생각만 쓴 글은 책이라기보다는 일기에 가까울 수 있다. 공신력 있는 자료들(참고서적, 관련 영상, 신문, 각종 자료 등)을 모으는 프로 수집러가 되어 사색과 함께 버무릴 때 단단한 책이 완성된다.

재능이 부족하다면 양으로 대결해보라

책 쓰기는 창조다. 창조는 자료의 편집에서 나온다. 『20대에 하지 않으면 안 될 50가지』와 『30대에 하지 않으면 안 될 50가지』를 발표하여 일본과 한국 두 나라에서 동시에 베스트셀러 1위에 올라 화제를 일으켰던 나카타니 아키히로는 2천여권을 출판한 대표적 다작 작가다.

젊은 시절 그는 구로자와 감독을 존경하고 영화감독을 꿈꾸며 와세다 대학 연극학과에 입학해 영화사를 전공하는 평범한 대학생이었다. 그러던 그가 자신의 숨겨진 잠재력을 발휘하기 시작한 때는 '재능에 자신이 없으면 양으로 대결하자'는 말을 가슴에 새기면서 부터였다.

이후 그는 4년 동안 거의 혼자 지내면서 4,000편의 영화와 4,000권의 책을 섭렵했다. 그리고 하루도 빠지지 않고 원고와 씨름했으며, 스물아홉 살 때 자신의 첫 번째 책이 출간된 후 미친 듯이 글을 써 내려간다. 오랜 시간 쌓아온 내공이 차올라 자신도 모르게 책을 통해 세상 밖으로 나오게 되었다. 미생을 지어 베스트셀러가 된 윤태호 작가도 직접 만화의 배경이 되는 회사 체험을 하는 등 부단한 연구를 통해 직장인들의 리얼한 이야기를 뽑아낼 수 있었다.

책 쓰기는 송곳으로 한 곳을 뚫는 과정

결국 책 쓰기는 우물을 파듯이 한 주제에 대해 바닥까지 내려가는 '포커스 공부법'이다. 나를 포함해서 내가 아는 유대인 책을 쓴 작가의 경우 대부분 이스라엘을 한 번도 가보지 않았다. 랍비 한 번 만나지 않고 책을 썼다. 유대인 관련 책, 신문 기사와 사설, 다큐멘터리, 보고서, 구글링 등으로 이스라엘과 유대인이라는 화두를 우물에 가두어서 바닥을 팠다. 자료를 모으는 숙성과정을 통해 어느 순간 지적 발산을 하게 되었다. 유대인 관련 지식을 가진 사람이 세상에 얼마나 될까? 거의 없다고 봐야 한다. 이 과정을 통해 유대인 관련 국내 전문가가 되었다고 볼 수 있다. 실제로 유대인 관련 특강 요청을 받아 활동을 하고 있다.

특히 작가는 '스파이' 같은 사람이 되어야 한다. 주위 사람을 잘 관찰하면 좋은 아이디어가 나온다. 일반인은 자신에게 필요 없는 정보는 자신의 뇌가 차단한다. 하지만 해당 주제에 대해 글을 쓰고자 마음먹으면 그때부터 작가의 몸은 안테나를 가동해 일상의 정보를 모으게 된다. 시각이 달라진다. 일상적으로 스치던 광고판, 친구들과의 수다, 밴드, 카톡, 영화 한 장면, CF 등 모든 상황이 글쓰기 소재로 보이게 되고 허투루 대하지 않게 된다. 작가는 '스파이'가 되어야 하며 또한 '오타쿠'가 되어야 한다. 책 쓰는 기간에는 자신의 자료에 집착하고 미치는 것, 불광불급(不狂不及)의 자세가 필요하다.

다양한 실제 사례와 적절한 에피소드, 전후 문맥에 딱 맞는 인용과 발췌 글은 책 내용을 흥미롭고 아기자기하게 만든다. 내 경험을 비추어 보더라도 정보와 사례, 아이디어 모으기가 가장 오래 걸렸다. 하지만 우리는 이 고통을 감내해야 한다. 맛있는 김장김치가 되려면 배추, 양념 등 맛있는 재료(글감)들을 모아야 하는 것은 물론 흙에 파묻혀 오랜 숙성시간(자기 내면화)이 필요하다. 책도 마찬가지다. 신선한 재료의 글감을 되도록 많이 찾아 내 생각과 버무려야지 비로소 맛있는 김장(책)이 된다는 사실을 잊지 말아야 한다.

나만의 글감 아카이브를 만들자

사랑에 빠지면 오직 그 사람만 보인다고 했다. 마치 영화 로미오와 줄리엣처럼 말이다. 주인공들은 자신의 집안사람들의 반대 따위는 아랑곳하지 않고 오직 두 사람의 감정에 온전히 집중한다. 요즘 들어 글을 쓰는 작가의 삶을 살기를 희망하다 보니 책 쓰기와 운명적 사랑에 빠졌다. 그러고 보니 일상이 온통 글을 쓰는 주제에 대한 글감 찾기를 위해 오감을 비롯한 모든 촉을 사용하고 있다.

세상에는 참으로 많은 삼라만상(森羅萬象)의 세계가 있다. 하지만 자신이 관심을 가진 세계만 보이기 마련이다. 나는 특히 첫 번째 책 소재였던 '마흔의 삶'과 두 번째 책 소재인 '유대인 교육'에 겨우 맛을 본 정도다. 글을 쓰는 작가라면 내가 관심 있는 주제에 대해 파고들고 나름의 자료들을 습관적으로 데이터 베이스화 하는 작업이 선행되어야 한다. 오랫동안 글을 쓰기 위해서는 평소 글감을 미리 찾아놓는 준비 작업이 중요하다.

요즘 나는 글감을 모으는 재미가 쏠쏠하다. 글감을 온·오프라인 아카이브를 만들어 수시로 저장한다. 내가 글감을 모으는 방법은 다음과 같다.

1) 독서

관련 도서를 읽고 별도로 정리해 둔다. 책을 읽고 난 후 맨 앞장에 이 책의 장단점, 내 책에 활용할 시사점을 적어 놓는다. 그리고 별도의 엑셀 파일에 평점과 함께 관련 내용을 꼼꼼하게 정리해 둔다.

2) 클리어 비닐 파일(100쪽 대용량)

평소 이메일로 오는 글감이나 받아보는 신문, 관련 동영상 등 좋은 내용이 있으면 별도로 스크랩해 둔다. 온라인에 있는 내용은 어느 순간 없어지기도 해서 되도록 불편하지만 좋은 내용은 종이 형태로 보관해 둔다. 어느 정도 분량이 되면 키워드별로 분류한다.

3) 온라인 메모장

일반적으로 에버노트나 네이버 메모장을 많이 쓴다. 어떤 것이든 상관없이 자신과 가장 편한 기능을 가지고 사용하면 된다.

4) SNS

출퇴근 시간이나 짬짬이 시간이 날 때마다 네이버나 구글을 통해 키워드 검색을 한다. 그리고 좋은 내용의 글감을 카카오톡으로 나에게 보내기 기능으로 보내 놓는다. 네이버 블로그나 카페, 인스타그램에도 수시로 좋은 글을 올려놓고 글쓰기를 할 때 수시로 꺼내서 활용한다.

5) 온라인 서점 목차나 서평

내가 쓰려고 하는 글에 대해 글감이 잘 떠오르지 않으면 온라인 서점에 들어가서 관련 장르의 베스트셀러 순으로 검색한다. 책 소개나 목차, 독자 리뷰를 통해 최신 트렌드를 알 수 있고 현재 독자들이 관련 주제에 대해 무엇을 궁금해하는지 실시간으로 확인해 볼 수 있다. 독자 궁금증의 공통점을 모아 내가 쓰려는 책에 적용하면 좋을 것이다.

6) 유튜브 영상

나는 개인적으로 유튜브로 자기계발이나 독서 관련 영상을 많이 보고 통찰을 얻는다. 좋은 내용은 빠지지 않고 카카오톡으로 내게 보내 놓고 별도로 정리 작업을 한다.

7) 오프라인 네트워크

결국 남는 건 사람이다. 나와 비슷한 관심사를 가진 사람들을 소모임 형태로 만나 그들에게 내가 부족한 정보를 보완해 나간다. 직장 동료와는 색다른 느낌을 받을 수 있으며 마치 사막에서 오아시스를 만나듯 지적 갈증을 해결할 수 있다.

이 세상에 도움 안 되는 책이 없는 것처럼, 도움 되지 않는 경험은 없다. 특히 글감을 찾기 위한 자신의 호기심과 관심에서 출발한 학습은 명확한 내적 동기가 된다. 자신의 관심분야 관련 글감을 수시로 찾아 꾸준히 배우고 익히는 습관을 지니면 어느 순간 훌쩍 자란 나를 발견할 수 있을 것이다.

전략적으로
주제 찾는 법

1. 경쟁 도서 분석

'Good artists copy, Great artists steal'
유능한 예술가는 베끼고, 위대한 예술가는 훔친다

천재 미술가라고 칭송받는 피카소가 한 말이다. 이 말은 스
티브 잡스가 인용해 더 유명해졌다. 스티브 잡스는 애플의 매
킨토시가 제록스의 파크(PARC)를 표절했다고 비난할 때 이 말
을 자주 언급했다. 위 문구처럼 사실 '하늘 아래 새로운 것이

란 없다'라고 해도 과언이 아니다. 책을 쓸 때도 마찬가지다. 기존의 것을 나만의 생각으로 어떻게 재해석하고 발전 시키는 가가 관건이다.

책을 쓰려고 마음먹었다면 처음부터 막막할 것이다. 나도 그랬다. 하지만 쓰고자 하는 책의 주제와 콘셉트가 비슷한 경쟁서를 20~30권 정도 사서 보면 어느 정도 길이 보인다. 『감정 수업』의 강신주 작가도 한 권의 책을 집필할 때마다 최소 70권 이상을 참고한다고 한다. 나 같은 경우 첫 번째 책 『토닥토닥 마흔이 마흔에게』은 마흔 관련 참고도서를, 두 번째 책 『유대인 교육의 오래된 비밀』은 유대인 및 탈무드 관련 참고도서를, 이 책을 쓰기 위해서 시중에 있는 책 쓰기 도서 30여 권을 모조리 구매해서 분석했다.

책은 도서관에서 빌리지 말고 이왕이면 사기를 권한다. 책의 중요한 부분에 밑줄을 치거나 접어놓을 수 있고, 집필하는 동안 내 곁에서 훌륭한 조언자 역할을 해주기 때문이다. 수많은 경쟁 도서에서 내 책이 선택받으려면 어떻게 해야 할까? 바로 차별성이다. '적을 알고 나를 알면 백 번 싸워도 위험하지 않다'라는 말이 있다. 경쟁 도서와 참고 도서를 얼마나 많이 읽고 분석했느냐가 내 책의 완성도를 높여주기 때문이다. 또한 내가 마음에 드는 책의 집필 스타일을 분석해 내 책에도 적용하면 좋다.

경쟁서를 읽으면 읽을수록 어느 부분이 좋고 어느 부분이 허술한지 보인다. 분석하는 절대적인 시간과 노력에 비례해 내 책의 수준도 높아진다. 『연금술사』의 저자 파울로 코엘료는 '작가는 먼저 좋은 독자여야 한다'라고 정의했다. 다른 사람의 책을 읽고 시장의 흐름을 읽지 못하는 사람은 책의 방향성을 제대로 설정할 수 없다. 베스트셀러 작가들은 하나같이 다독가임을 잊지 말자.

책 쓰기를 위해 적극적으로 전략적인 독서를 해야 한다. 형광펜을 칠하고, 포스트잇을 붙이고, 접고 어떤 형태로든 표시해 두어야 한다. 중간중간 나의 생각을 적어 두면 나중에 다시 읽을 때 내 생각을 복기할 수 있다. 특히 나는 경쟁서 맨 앞장에는 이 책의 장단점, 내 책에 반영할 시사점을 적어 놓는다. 그렇게 적극적으로 해야 효율적인 독서가 이루어진다.

2. 동영상 자료

다큐멘터리 등 동영상 자료는 책만 읽음으로써 생길 수 있는 지식의 누수를 막아준다. KBS나 BBC 등 공영방송에서만든 영상은 보통 국민 세금으로 제작된다. 상업성이 배제되고 인간의 본질을 다룬 영상은 시청자에게 다른 세상을 만나는 신비로운 경험을 주곤 한다. 나는 특별히 집중해서 봐야 하는 영상이 아니면 보통 2배속으로 빨리 보는 편이다. 보다가 중요한 시사점이 있으면 다시 원래 속도로 보고, 듣기를 반복한다. 특히 칼 세이건 코스모스를 다룬 다큐멘터리를 통해 우주와 인간을 보는 관점과 믿어왔던 지식이 확장되는 경험을 해서 꼭 보라고 추천하고 싶다.

3. 강연

강연을 듣는 것은 몇 권의 책을 읽는 것과 비슷한 효과가 있다. 강사가 평생 갈고닦은 실력을 전부 쏟아 놓는 시간이니 그 가치가 엄청나다. 강연이나 강의를 듣고 요점을 메모해 놓으면 글을 쓰는데 소중한 자료가 된다. 유튜브를 활용해 TED, 세바시같은 강연 프로그램에서도 다양한 사람들의 이야기를 만날 수 있다.

4. 신문 기사와 사설 자료

신문은 잘 차려진 정찬이다. 정치, 경제, 사회, 문화 등 다양한 장르의 신선한 소재가 아침마다 배달되어 온다. 인터넷에 떠도는 기사보다 훨씬 신뢰 높은 정보로 내 책의 공신력을 높일 수 있다.

5. 참고문헌 논문 등

대학교 연구논문, 통계자료 등을 참고한다면 훨씬 글에 신뢰도가 높아질 것이다.

6. 인터넷 검색으로 빈 지식 채우기

인터넷에서 만나는 정보는 카카오톡을 통해 링크를 걸어 나에게 보내놓거나 메일을 보내놓자. 만약 내가 운영하는 카페나 블로그가 있다면 비공개로 카테고리별로 정리해 두면 좋다. 하지만 인터넷에서 수집한 자료는 무조건 받아들이면 안 된다. 정보를 손쉽게 얻을 수 있는 공간이지만 나중에 큰 문제가 될 수도 있다. 인터넷 공간은 다양한 사람들이 자기의 생각을 자유롭게 표현하므로 책의 신뢰도를 떨어뜨릴 수 있기 때문이다. 책을 쓰기 위한 자료는 가장 보편타당해야 하고 문제가 될 만한 내용은 정확하게 출처를 밝히고 인용해야 한다.

7. 기타

지하철에서 만나는 시구도, 광화문 교보문고에 걸려있는 시구절 하나 그냥 지나치지 말자. 내 글감으로 활용 가능한지 노려보자. 아무리 전문가라도 자료수집은 꼭 필요한 과정이다. 자료수집에는 왕도가 없다. '언제까지 자료를 모아야 하는가?'라고 내게 묻는다면 이렇게 말해 줄 수 있다. 정보가 중복되는 내용이 많아지고, 이제 진짜 지쳐서 더는 못 하겠다고 생각 될 때 수집을 그만두고 목차작업을 시작하면 된다. 여기서 말한 수집 기간은 1~2주일이 아니라 최소 1~2개월을 의미한다. '지식의 양이 질을 이긴다'는 평범한 사실을 잊지 말아야 한다.

팔리는 책을 만드는
글쓰기 노하우 20계명

　'작가는 오늘 아침에 글을 쓴 사람'이라고 했다. 죽이 되던 밥이 되던 매일 일정 분량을 쓰는 것이 작가의 숙명이다. 글이 안 써질 때 어떻게 하면 좋을까? 특별한 재능도 없고 기억력도 남들보다 좋지 않은 내가 그동안 글을 쓰기 위해 안간힘을 쓰고, 바닥에 넘어지고, 코피 터지며 나름대로 터득한 노하우를 정리해 보았다. 여러분은 나처럼 넘어져도 많이 아프지 않고 상처받지 말고 그 자리에서 벌떡 일어서 툴툴 털고 계속 글을 쓸 수 있기를 간절히 바란다.

1) 가슴이 설레는 흥미로운 주제 찾기

글이 써지지 않는다면 사실 처음부터 뭔가 크게 잘못되었다. 글쓰기 주제는 내가 좋아하고 재미있고 나를 설레게 하는 주제가 되어야 한다. 다른 사람이 아닌 나 자신을 위해 쓴다. 일단 나를 위한 이기적인 글쓰기를 해야 한다. 독자를 위해서만 쓰는 글은 쉽게 지치기 때문이다.

2) 소명서 쓰기

나는 집필 공간에 소명서를 쓴 종이를 여기저기 붙여놓고 글이 써지지 않을 때 읽고 또 읽었다. 내 심장을 뛰게 하는 한 줄, 나의 간절한 마음을 녹인 출사표를 써놓고 42.195km의 글쓰기 마라톤에 출정하자.

- 이 책이 나의 눈물을 닦아줄 것인가
- 세상은 나의 명령(책)을 기다리고 있다. 닥치고 쓰자
- 내 인생의 주인공은 나다
- 이 책은 40여 년간 남들보다 느리게 그리고 힘들게 살아온 나에게 주는 훈장이다

3) 나의 보물 지도를 갖기

어릴 때 영화 보물섬을 보면 해적들이 보물을 쟁취하기 위해 사전 단계인 보물지도를 먼저 찾고자 투쟁을 벌인다. 그렇다. 보물 지도를 갖으면 보물을 찾을 가능성이 커진다. 글쓰기를 하는 나에게 보물 지도란 무엇일까? 바로 글의 콘셉트와 구조, 목차다. 이것이 있어야 글을 쓸 수 있다. 이것을 먼저 수립하고 난 후 온·오프라인에 여기저기 붙여 놓자. 항상 몸에 품고 다니자. 수시로 보고 또 보면서 아이디어를 연상하자.

4) 직전에 쓴 글을 다시 보기

나는 글을 쓰기 전 준비운동으로 글 콘셉트(주제), 목차를 훑어보고 난 후 직전에 쓴 글을 보며 몸만들기에 들어간다. 써야할 글과 맥락적으로 연결되어 있다면 더 금상첨화다. 미드 시리즈처럼 써야 할 내용이 자연스럽게 파노라마처럼 내 머리를 스쳐 지나간다.

5) 유사 책의 목차, 독자 서평 읽기

이미 내가 쓴 글과 비슷한 종류의 책은 서점에 널려 있다. 거기서 내가 쓰고자 하는 글감의 소재를 찾는다. 시간상으로도 그렇고 경제적으로 모든 책을 사 볼 수는 없다. 그런 경우 내가 쓰고자 하는 주제와 비슷한 책 중 베스트셀러를 찾는다.

되도록 최근 출간된 책이 더 신선하고 좋다. 책 소개 내용이나 목차, 독자 서평을 보다 보면 내가 미처 생각하지 못한 부족한 부분을 채울 수 있다.

6) 관련 신문 기사를 검색

특히 신문 칼럼을 보면 짧은 글이지만 그 안에 서론, 본론, 결론이 다 들어있다. 거기서 칼럼을 쓴 사람의 말에 동의하는 부분도 찾고 반대로 내가 동의하지 않는 논리도 찾아본다. 짧은 시간에 내 머릿속에서 해당 글 주제에 대한 글감이 또렷이 보이기 시작한다.

7) 뇌가 쉴 수 있는 시간을 의식적으로 만들기

사람의 뇌는 의식적으로 글쓰기를 싫어하고 때로는 자기검열까지 한다고 한다. 이를 위해 뇌를 잠깐이라도 쉬게 만들면 좀 더 유연한 생각을 할 수 있다. 우리가 흔히 샤워할 때, 좋아하는 음악을 들을 때, 생각 없이 산책할 때, 친구들과 술을 마실 때 뭔가 아이디어가 떠오르거나 이야깃 거리가 많아지는 것을 느낀다. 이것은 부드러운 분위기에서 무의식적으로 뇌에서 새로운 생각을 끄집어내기 때문이다.

8) '1인칭 주인공'이 아닌 '3인칭 관찰자'가 되기

박스 안에 있으면 박스가 어떻게 생겼는지 알 수 없듯이 고정된 사고방식이나 틀에서 벗어나 박스 밖으로 나오는 연습을 해야 한다. 내 글을 보는 관점이 작가가 아니라 관객이 될 때 새로운 시각으로 객관적으로 볼 수 있다. 일정 분량의 글을 썼다면 시간적인 여유를 두고 다시 보자. 내 글의 관객이 곧 독자이기에 내가 쓴 글과 일정 거리를 두면 둘수록 더 좋은 글이 나올 수 있다.

9) 수시로 메모하기

적는 사람만이 살아남는다. '적자생존'이라 했다. 수시로 메모하고 수시로 들여다보면 작은 조각조각들이 모여 하나의 큰 그림이 된다. 쉽고 가볍게 메모하고, 쉽고 가볍게 내 글에 활용해 보자.

10) 마감일 정하기

나는 학창 시절 중간 기말고사, 수능시험이 임박했을 때 공부가 잘 되는 편이었다. 어느 정도 긴장감이 있어야 글쓰기에 몰입할 수 있다. 평균 책 한 권을 쓰면 3~4개월 걸리기에 지금 시작한다면 정확히 3개월 뒤 출판사 투고를 목표로 한다.

마감일은 일정만을 의미하지 않는다. 글쓰기 시간이나 분량으로 제한할 수도 있다. 예를 들면 나는 시간상 평일 하루 3시간, 주말 8시간이 글쓰기 목표 시간이다. 분량상 하루에 목차 1~2개(바탕체 10포인트, A4지 2~3쪽 분량이 1개 목차)를 쓰려고 노력했다. 초보 작가라면 하루 30분~1시간, A4지 반 장에서 1장을 목표로 해도 된다. 자신이 처한 상황에 맞게 자율적으로 쓰되 두 달 정도 습관이 잡히면 본격적으로 글 쓰는 양을 늘리는 편이 좋다.

11) 진도 그래프 쓰기

글을 어느 정도 쓰다 보면 양이 꽤 많아진다. 보고만 있어도 마음이 뿌듯하다. 어쩌다 새벽까지 쓰고 나면 스스로가 대견하다. 그럴 때마다 눈에 띄게 나만의 진도 상황표를 엑셀 표로 정리해 붙여 놓으면 좋다. 그래프가 쭉쭉 올라가면 기분이 좋다. 마치 연말연시 광화문에 있는 사랑의 공동 모금함 그래프가 올라가는 기분이 든다. 100도까지 목표 성금이 되면 모든 사람들이 축하해 주듯이 나 스스로에게도 칭찬과 보상을 하면 된다. 이런 과정이 반복되면 자신감이 생긴다. 그 힘으로 또 열심히 글을 쓴다. 선순환 고리가 만들어진다.

12) 베스트셀러 작가가 되는 모습 상상하기

내가 쓰는 글이 나에게 어떤 유익을 줄 수 있는지 생각한다. 나에게 정신적인 가치를 주든 경제적 가치를 주던 일단 나의 밝은 미래를 그려놓아야 고통스러운 글쓰기를 감내하는 이유가 생긴다. 글이나 책을 쓰고 난 후 달라지는 내 일상을 구체적으로 상상한다. 책을 보는 사람에게서 쓰는 사람으로 사인을 요청하는 사람에게서 써주는 사람으로 나의 위치는 변한다. 인세, 강연료, 원고료 등 내가 생각하는 수익 대차대조표를 써보고 혼자 흐뭇한 표정을 지어보자. 참고로 책 한 권을 내면 초판 기준으로 200~300만 원 정도(초보 작가의 경우, 정가의 8퍼센트 * 2,000부 출판 인세 기준) 받을 수 있다.

13) 셀프 보상 준비하기

나는 꽤 긴 시간 동안 글을 쓰고 탈고를 하고 나면 마치고 된 일을 하는 농부들이 새참을 먹듯이 탈진한 나에게 보상을 꼭 해준다. 나는 주말에 오랜만에 게임을 하며 스트레스를 푼다. 그러나 무엇보다 가장 큰 보상은 쌓인 글이 책이 되는 결과물일 것이다. 묵묵히 쓰다 보면 큰 결과물이 나오고 그 보상은 나를 다시 즐거운 마음으로 쓰게 하는 강한 동기로 다가온다.

14) 내가 닮고 싶은 롤모델을 상상하기

평소 좋아하는 작가가 있다면 그 사람을 닮고 싶다는 간절한 욕구가 필요하다. 이 과정은 역으로 자기계발을 촉진시키거나 글을 잘 쓰는 동기가 된다. 나는 『대통령 글쓰기』의 강원국 저자가 롤모델이다. 글이 잘 안 써지면 그분의 책이나 영상에 나를 의도적으로 노출한다. 좋아하는 작가의 글을 필사해 보는 것도 좋은 방법이다. 그런 과정에서 새로운 아이디어가 떠오르기도 한다.

15) 성장하는 삶 꿈꾸기

세상 누구라도 내 글을 쓰지 않고 남의 글을 보고 일방적으로 추종하며 수동의 삶을 살면 내가 아닌 남의 인생을 사는 형국이다. 글쓰기를 통해 '어제보다 나아진 오늘의 나'를 만날 수 있다. 특히 글을 쓰면 쓸수록 글쓰기가 점점 더 어려워지고 세상에 고수들이 참 많다는 사실을 느끼게 된다. 이런 과정이 예전에는 상상도 못 했던 즐거운 흥분으로 다가 올 것이다.

16) 몰입의 삶을 즐기기

사람들이 게임에 흥분하는 이유는 게임이 주는 묘미 때문이다. 순간 게임 캐릭터가 되어 온라인상에서 내가 왕이 되기도 하고 전사가 되기도 한다. 나는 백지라는 세계에서 내 마음대로 글이라는 검을 휘두른다. 휴일에는 내가 20년째 제일 좋아하는 맥심 모카골드 커피 한 잔을 마시고 글을 쓰면 마치 작가라도 된 마냥 설렌다. 작가 코스프레 놀이를 즐긴다. 글쓰기에 몰입해 있는 사람, 책을 보고 있는 사람은 그 자체 만으로 멋있고 심지어 아름답기까지 하다.

17) 스트레스를 푼다고 생각하기

직장생활이나 대인관계에서 우리는 수많은 난관에 부딪힌다. 우리나라에서는 평범하게 살기도 점점 힘들어지고 있다. 중산층으로 살아가고 싶어도 호락호락하지 않다. 상사에게 하고 싶은 말을 다 하다가는 어느 순간 실업자 신세가 될 수 있다. 내 의지와 상관없이 회사의 경영환경은 나빠질 수 있다. 일상의 스트레스를 배설한다는 마음으로 편하게 글을 쓰다 보면 걱정이나 불안이 줄어드는 느낌이 든다. 그런 과정에서 우연히 찾아온 문제 해결 솔루션은 팁이다. 흔히 '문제를 문제로 인식하는 순간 더 이상 문제가 아니다'라는 말이 있지 않은가?

18) 글 쓰는 시간과 장소를 바꿔보기

한 번쯤 글 쓰는 장소를 바꿔보면 기분전환도 되고 새로운 발상이 떠오를 수도 있어 추천한다. 대체로 집을 선호하지만 요즘은 가끔 장소를 옮겨 카페에서 쓰는 사람도 많다. 백색소음이 글 쓰는데 오히려 도움이 된다는 과학적 연구결과도 있다. 집에서 안 써지면 주말에는 근처 도서관에 가는 것도 좋다. 많은 사람이 책이나 글쓰기에 몰입한 모습을 보는 것만으로도 나에게 신선한 자극이 될 수 있다. 나는 아파트 독서실을 많이 이용했다. 글이 써지지 않으면 장소를 한 번 바꿔보면 새로운 아이디어가 떠오르기도 한다.

19) 숙면

우리나라 성인의 평균 수면시간은 세계적으로 부족하다고 알려졌다. 잠이 부족하면 아이디어가 떠오르지 않으면 득보다 실이 많다. 평소 6시간 이상 자는 것을 목표로 하자. 낮잠을 30분 이내로 자면 신체 리듬상 상당히 좋다고 한다. 주말에는 최소 아침 9~10시 정도까지 자면서 평소 부족한 수면을 보충하자.

20) 그냥 놀기

이렇게 해도 글이 안 써지면 그냥 놀자. 좋은 아이디어는 이성보다는 감성에 의해 촉발된다. 자신이 쓰려는 주제와 관련 없이 재미있는 영상, 영화, 텔레비전를 보거나 독서를 하자.

사람들은 여행을 떠나거나 목적지에 가기 위해 차를 탈 때 제일 먼저 티맵, 카카오맵같은 자신이 가지고 있는 내비게이션 앱을 켜서 목적지를 입력한다. 작가에게 목적지에 도착한다는 뜻은 글을 퇴고하거나 책으로 나오는 것을 의미한다.

각자 자신의 글쓰기 환경과 개성에 맞게 글쓰기 내비게이션(습관, 환경, 도구)을 장착하자. 빙빙 돌지 말고 각자 원하는 목적지에 가장 빠른 지름길로 프리패스하기를 기원한다.

검색하지 말고
사색하라

깊은 사고를 방해하는 스마트폰을 경계하라

경향신문 보도에 따르면 문화체육관광부는 만 19세 이상 성인 6,000명과 초등학생(4학년 이상) 및 중·고등학생 3,000명을 대상으로 실시한 '2019년 국민 독서실태조사' 결과를 발표했다. 조사 결과 성인의 종이책 연간 독서율은 52.1퍼센트, 독서량은 6.1권으로 2017년에 비해 각각 7.8퍼센트, 2.2권 줄었다. 1994년 첫 조사 당시 독서율 87퍼센트에 비해 매년 급감해 왔다.

읽는 사람만 많이 읽고, 안 읽는 사람이 늘어나는 '독서의 양극화' 현상이 심화했다.

모바일 기기의 등장 등 지식과 정보에 접근할 수 있는 수단이 늘어나면서 이런 흐름이 빨라졌다. 시민 사회 전반의 지력 상실, 창의적인 사고력 하락 등의 영향이 본격 노출되면 이미 그때는 늦을 수 있다. 주요 경제협력개발기구 국가들이 독서율을 높이려고 갖은 노력을 다하는 이유도 이 때문이다.

한 시간이 주어지면 책을 읽고, 한 달을 주면 친구를 사귀어라

독서는 운동에 비유할 수 있다. 헬스장에서 꾸준히 운동해야 근육이 생기듯 책도 계속 읽어야 생각 근육이 자란다.

하지만 읽기 싫은데 의무감에 억지로 책을 읽어야 할 필요는 없다. 꼭 읽어야 할 책도 없고, 처음부터 끝까지 읽어야 한다는 부담감을 가질 필요도 없다. 마음에 드는 책을 골라 읽고 싶은 만큼 읽은 뒤 다른 책을 펼칠 수 있는 자유를 누리는 게 진정한 독서다. 무협지든 만화책이든 직접 선택한 책을 읽다가 마음에 안 들면 다른 책으로 건너뛰기도 하고, 읽던 책에서 관심이 가는 내용을 발견하면 새로운 책에서 관련 내용을 찾아보며 읽으면 된다.

'한 시간이 주어지면 책을 읽고, 한 달을 주면 친구를 사귀어라'라는 말이 있다. 책은 짧은 시간 안에 과거와 현재, 시공을 뛰어넘어 훌륭한 사람들을 만나게 해주는 최고의 선물이다. 유명 작가 디팩 초프라는 책이 사람을 변화시키는 이유로 '멈춰 서서 돌아볼 기회를 준다'라는 점을 꼽았다. 좋은 사람을 만나고, 멈춰서 돌아보면서 우리는 조금씩 성장할 수 있다. 우리는 책을 읽는 대로 생각이 만들어지기 때문이다.

작가의 삶을 꿈꾸고 있다면 얕은 검색이 아니라 깊은 사색을 해야 한다. '지식이 아닌 지혜가 필요'하기 때문이다. 포털에 떠도는 키워드 검색이 아니라 진짜 생각하는 힘을 키워줄 책 읽기가 지금 그 어느 때보다 필요하다. 오늘부터라도 잠시 손에든 스마트폰을 내려놓고, 오랫동안 방치하고 있던 책장의 책을 꺼내 보자. 아이 손을 잡고 가까운 서점이나 도서관을 방문해서 세상 이야기가 오롯이 담긴 책 냄새를 맡아보자. 지하철이나 버스에서 스마트폰이 아니라 책을 들어보자. 한 권의 책을 통해 과거를 배우고, 현재를 살고, 미래의 나를 만나보는 진짜 여행을 떠나 보자!

신문 읽기가
다시 중요한 시대

이른 새벽 배달되는 정보의 진수성찬

나는 아침에 일어나면 제일 먼저 현관에 나가 신문을 가지고 들어와 펼쳐본다. 신문이 가진 고유한 냄새와 손가락에 닿는 종이의 감촉이 너무나 좋다. 잘 차려진 진수성찬을 먹기 위해 숟가락을 들 때처럼 두근거린다. 신문을 펼쳐 1면 헤드라인 기사를 보며 세상 사람들이 오늘은 어떤 주제에 가장 관심이 많은지 살펴본다.

나와 신문과의 인연은 초등학교 시절까지 거슬러 올라간

다. 그 당시 집안이 경제적으로 풍족하지 않아서 부모님 몰래 쌍둥이 형과 함께 신문을 돌린 적이 있다. 새벽바람을 맞으며 아파트 계단을 오르내리고, 한 부당 몇십 원씩 받으며 신문 돌리는 사람들의 고단함을 몸소 느낄 수 있었다.

중학생 때 본격적으로 신문을 읽었다. 식당을 하셨던 어머니는 손님들이 찾으셔서 신문을 받아보셨다. 그때부터 재미 삼아 틈틈이 보기 시작한 것이 어느덧 30년이 되었다. 대학교에 입학하자 교수님께서 대학생이라면 경제신문을 한 부씩 구독해야 한다고 해서 그 후에는 매일 두 개의 신문을 받아 보았다.

결론부터 말하면 나는 신문 마니아다. 우리나라 신문이 인터넷이나 모바일에 밀려 점점 설 자리를 잃어 가장 아쉬워하는 사람 중 한 명이다. 신문은 내게 세상을 바라보는 시야를 넓혀주고, 첫 번째 책을 쓰는 데 결정적인 도움을 주었다. 그런 의미에서 신문 읽기는 미래에 대한 투자이자, 적금이라고 생각한다. 초등학교 1학년인 딸도 가끔 내 옆에서 신문을 보곤 하는데, 중학생이 되면 세상을 바라보는 눈을 키우기 위해 신문을 제대로 보라고 권하려 한다.

2019년 한국언론진흥재단 '언론수용자 조사' 결과 신문 구독률이 6.4퍼센트로 나타났다. 2017년 9.9퍼센트로 처음 두 자릿수가 무너진 뒤 2018년 9.5퍼센트에 이어 뚜렷한 하락세다. 1998년 동일조사에서 신문 구독률은 64.5퍼센트로, 21년 만에 10분의 1수준으로 지표가 급감했다

최근 학생이나 일반인들이 종이 신문보다 영상을 포함한 멀티미디어형 정보에 더 익숙하고, 쌍방향 실시간 소통을 선호해 포털이나 모바일로 뉴스를 보기 때문이라는 분석이다. 그러고 보니 요즘 지하철을 타도 과거처럼 신문이나 책을 보는 사람을 찾기가 어렵다. 다들 스마트폰에 눈을 고정한 채 초연결 사회를 탐닉하고 있는 듯하다.

하지만 내 생각은 조금 다르다. 요즘처럼 4차 산업혁명이 진행 중인 스마트 시대에 신문이 더더욱 필요하다고 생각한다. 인터넷상에 돌아다니는 쓰레기더미와 같은 잡다한 정보 속에서 어느 것이 유용한 정보인지 판별하고 정제하는 작업을 나 대신 해주기 때문이다. 특히 요즘 사람들은 자신이 듣고 싶은 이야기만 듣고, 믿는 경향이 있다. 하지만 종이 신문을 꼼꼼히 읽다 보면 듣고 싶지 않은 소리에도 귀를 기울이게 돼 사회현상을 균형 있게 바라보는 시각이 생긴다. 특히 코로나 이후 불확실성이 높아지고 사회에 불안감이 커질 때 정확한 정보를 듣고 판단하여 나의 지적 자본으로 만들 수 있는 능력이 더욱 필요해지고 있다.

학생을 가르치는 어느 대학 교수님도 "요즘 학생들은 신문

을 읽지 않아서 세상 돌아가는 걸 잘 모르는 거 같다"고 말했다. "예컨대 한 신문사의 경우 기자가 300명쯤 될 겁니다. 연봉을 평균 5,000만 원으로 치면 150억 원이에요. 그런 기자들이 최고의 글솜씨로 구석구석 가치 있는 뉴스를 매일매일 집으로 배달해 주는 겁니다. 학생들에게 그런 글을, 기사 가치를 보라고 강조합니다."

신문은 세상읽기의 창구

최근 조사 결과, 북유럽 국가인 덴마크와 스웨덴의 공무원과 정치인 청렴도가 세계 최고로 꼽혔다. 국제투명성기구(TI)에서 평가하는 부패인식지수가 10점 만점에 9.2~9.3점을 받았다. 그런데 이들 나라는 전 세계에서 신문 구독률이 가장 높은 국가다. 세계 신문협회의 신문 구독률 조사에 따르면 스웨덴은 83퍼센트, 덴마크는 76퍼센트에 이른다. 반면에 그리스는 부패인식지수가 3.8점으로 하위권이다. 공교롭게도 신문 구독률 역시 12퍼센트에 불과하다. 신문을 읽는 인구 비율이 높은 국가일수록 부정부패가 낮다는 연구 결과가 있다.

초등학교만 졸업한 고 정주영 현대 명예회장은 신문을 통해 지식의 대부분을 얻었다며 자신을 신문대학 출신이라고 자랑스럽게 소개한 적이 있다. 힐러리 클린턴 전 미국 국무부장관도 청소년 시절에 신문을 읽은 덕분에 오늘의 내가 있다고 말할 정도로 신문 읽기를 강조한다. 그는 신문을 읽으면 정보를 입체적으로 알 수 있다며 세상이 어떻게 돌아가고, 무엇이 중요하고, 많은 사람이 무엇에 관심을 두고 있는지 알고 싶다면 신문을 읽으라고 말한다. 또 인터넷 검색은 알고 싶은 내용만 찾아가게 되는 속성이 있다며 '검색'은 우리 아이들이 머리를 쓰지 않게 만들고, 창의력을 파괴한다고 지적했다.

신문의 장점은 너무나 많지만 신문 읽기가 익숙하지 않다면 우선 당장 쉽고 관심 가는 분야를 찾아 읽기를 권한다. 점차 정치, 경제, 스포츠, 과학 등 다른 분야로 자연스럽게 시선을 확대하다 보면 종합적인 사고 능력도 키울 수 있다. 나의 시선을 사로잡는 장르가 있다면 그쪽이 적성에 맞으니 내 책의 주제나 인생의 후반전도 그 방향에 맞는 아이템으로 고민해 볼 필요도 있다.

옛날부터 '세상 돌아가는 것을 알아야 미래를 알 수 있다'고 했다. 스마트폰에 밀려 그동안 잊고 있었던 지식의 보고, 신문을 다시 펼쳐 보자. 특히 회사에서 업무 부담이 많은 우리 직장인들은 바쁜 일정을 소화하다 보면 세상 흐름을 놓치기 쉽다. 그럴 때 세상과 나를 이어주는 다리이자 세상을 보는 눈인 신문을 통해 지식을 복리 이자로 적금해서, 작가로서의 인생을 힘차게 살아 보는 건 어떨까?

저작권법을 모르면 공든 탑이 무너진다

작가는 어떻게 보면 공인의 삶을 산다. 신뢰가 사라지면 모든 것을 잃는다. 하늘 우러러 한 점 부끄럼 없는 글을 쓰고 삶을 살아야 한다. 그러므로 인용, 표절 활용법 등 초보 작가의 아킬레스건이 될 수 있는 저작권법 이해를 통해 문제 될 소지를 미리 방지해야 한다. 표절에 대한 소양과 양심이 없으면 작가로서 생명은 끝이 나기 때문이다. 글을 쓸 때 명언이나 다른 서적에서 좋은 글을 발췌하는 일이 발생한다. 혼자 글을 쓰면 자칫 일기가 될 수 있기에 글에 공신력과 힘이 생긴다. 또한 원고 분량이 줄어든다는 장점도 있다. 하지만 저작권에 문제가 생기지 않도록 발췌해서 쓰는 글은 반드시 출처를 밝혀야 한다. 출처를 밝히지 않고 마치 내 것처럼 사용하면 문제가 된다. 그것은 도둑질이다.

저작권에 문제가 생기면 모든 책임은 저자에게 돌아간다. 만약 명확한 출처 표기를 해 준다면 해당 작가로 봐서는 홍보 효과라고 볼 수도 있다. 그래서 특별히 서면동의가 없다면, 문제가 생기지 않도록 원칙에 맞게 출처를 명확히 밝혀야 한다. 발췌는 마지막에 참고문헌에 기재해야 한다.

한 권만 표절해도 사실상 작가에게는 치명적이다. 표절은 문장을 그대로 베낀 것을 말한다. CtrlC+CtrlV를 통해 글자 토씨 하나 틀리지 않고 문장을 갖다 붙였다면 명백한 표절이다. 즉 저작권법 위반으로 법적 처벌을 받게 된다. 하지만 문장 표현이 다르면 표절이 아니다. 아이디어를 가져와 다시 정리했다면, 법이나 도덕적으로 문제가 없다. 또한 원래의 글을 자신의 사색과 철학으로 재정리해도 된다. 자신만의 언어로 문장표현을 바꿔주면 된다. 저작권은 문장표현을 보호한다.

또한 적절한 방법으로 인용했다고 하더라도 인용한 부분이 일반적으로 20퍼센트 이하가 적정하다. 인용문이 특정 책에서 너무 많다면 문제가 될 수 있다. 인용 글이 양적으로 너무 많게 되면 책으로서 기능을 상실하게 되기 때문이다.

참고서적, 신문, 인터넷 자료는 출처를 밝히고 써야 한다. 책은 논문과 다르다. 논문은 누군가의 실험 결과나 조사 결과를 토대로 쓰기 때문에 각주가 붙어 있지 않은 문장을 찾기 어렵다. 하지만 단행본은 작가의 생각과 철학, 논리가 오롯이 녹아 있어야 한다.

저작권 침해에 대해 어느 편집자의 사례를 소개한다. 오페라 관련된 교양서를 투고 받아 책을 내기 위한 편집을 한 적이 있었는데 전문가가 아니다 보니 잘 모르는 단어가 나와 포털 사이트 검색을 하게 되었다. 그런데 원고 문장이 포털 사이트에 음절 하나 틀리지 않고 똑같아서 당황했다고 한다. 확인해 보니 원고의 80퍼센트 이상을 인터넷에서 베껴서 만든 원고였다. 이 같은 경우는 저지기 타인의 지적권을 침해하고, 결국 출판사에도 큰 손해를 끼쳤다. 따라서 여러분들은 원고를 쓸 때 신중에 신중을 기해야 한다. 타인의 저작권을 침해할 일은 절대 해서는 안 된다.

하지만 책을 처음 쓰는 입장에서는 표절과 인용에 대해 많은 신경 쓰지 못한다. 왜냐하면 본문 집필에 매달려 그런 여유가 없기 때문이다. 사실 나도 처음에는 그랬다. 하지만 작가로서 생명력을 유지하려면 당연히 신경 써야 한다.

대학에서도 표절로 판명되면 해당 교수는 학교를 떠나야하고 구속까지 된다. 표절은 무단으로 남의 글을 쓴 것으로서 남의 지적재산권을 절도한 것으로 간주해서 절도죄나 강도죄로 다스리기 때문이다. 또한 외국에서는 구속까지 하고 엄하게 다룬다. 우리나라도 중죄에 해당한다는 사실을 잊지 말자.

해당 내용을 정리하면 다음과 같다.

1. 작가의 사상이나, 생각, 아이디어 등 내면적 내용은 독창적, 창조적 요소로 보호 대상이 된다. 하지만 그것은 오직 문장표현만 보호된다. 그러므로 기존의 책 등을 참고하되 같은 이야기라도 전혀 다른 표현으로 재정리한다면 저작권법상 문제는 없다.

2. 작가의 내면적 생각이 담긴 독창적 표현을 인용 표시하지 않고 그대로 베껴 쓰면 표절이 된다. 그러나 인용 표시를 한다면 출처를 밝혀야 한다.

3. 다른 작가의 객관적, 역사적, 누구나 아는 사실은 100퍼센트 같게 쓰면 문제가 되지만, 객관적 사실이기 때문에 표현을 바꾸어 사용하면 법적인 문제가 없다.

결국 핵심은 문자, 문장 등 외부에 표현된 창작적 표현을 보호한다는 점이다. 그 표현 속에 있는 사상, 생각, 감정, 아이디어 등 내부에 포함된 내용은 법으로 보호받을 수 없다. 따라서 기존 내용을 다른 표현방식으로 다시 표현하여 원저작물을 참고만 한다면 법적 문제가 없다. 그러므로 인용도 아니며, 이것은 전혀 별개의 독립적인 저작물로 인정된다. 그러므로 글을 쓰는 과정에 수집된 자료에 대해서는 반드시 별도로 정리를 해 두면 좋다. 어디 책 어디 부분인지, 신문이라면 언제, 어느 언론사, 누가 썼는지 꼭 원칙 대로 기재하자. 건강한 원고와 함께 건강한 정신을 기진 작가가 되자.

집필_
닥치고 쓰기

5장

내 책으로
내 인생 말하기

어깨에 힘 빼고
당장 시작

생각은 날카롭게 마음가짐은 깃털처럼

자료 수집까지 모두 마쳤다면 이제부터는 본 게임이다. 자료 수집을 먼저하고 목차를 세우는 방법이 있고, 경쟁서와 참고문헌을 토대로 목차를 먼저 만들고 그에 따라서 자료 수집을 하는 경우가 있다. 보통 전자를 많이 활용하긴 하나 필요에 따라 순서는 변경될 수 있다.

목차가 완성되면 이제부터 본문을 하나씩 채워나가면 된다. 그런데 본문 쓰기에 들어가면 막연한 두려움이 들 수 있다. 진짜 책 쓰기가 시작되었기 때문이다. 이런 경우 고민하지 말자. 그냥 책상에 앉아서 노트북을 열면 된다. 나도 그랬고, 모든 작가가 다 그랬다.

몸에 힘을 빼고 최대한 편안하게 쓰자. 골프나 야구, 요가를 처음 배울 때 몸에 힘을 빼는 법을 먼저 익힌다. 책 쓰기도 처음에 힘을 빼야 한다. 바람 부는 대로 물 흐르는 대로 자연스럽게 몸을 맡기면 된다. 생각은 날카롭고 단단하게 하되 글 쓰는 마음가짐 만큼은 깃털처럼 가벼워야 한다.

사람들은 책의 소재나 스토리에 관심을 가지지 의외로 내 글의 완성도에는 관심이 없다. '세상을 바꾸겠다, 사람들을 바꾸겠다' 이런 거대 담론보다 작가로서 소명 의식을 가지고 배려하는 마음으로 쉽게 쓰자. 다른 사람을 가르치려 들면 몸에 힘이 잔뜩 들어간다. 아무리 어렵고 전문적인 내용이라도 독자의 눈높이에 맞게 쉽고 재미있게 써야 한다. 사람들은 일상의 소소한 이야기를 좋아한다. 오랜만에 만난 절친과 마주 앉아 이야기하듯 조곤조곤 독자와 밀당을 나눠보자.

내려놓을수록 좋은 글이 된다

이왕 힘을 빼고 마음을 비우려면 완전히 나를 내려놓을수록 좋다. 한양대 유영만 교수는 그의 책『니체는 나체다』에서 '벌거벗은 힘', '나력'(裸力)을 강조했다.

"견디기 어려운 혹독한 시련에 직면할 때 비로소 그 진면목이 드러나는 것이다.

가식의 옷, 위선의 옷을 모두 벗어 던지고 맨몸뚱이로 버텨야 살아남을 수 있다.

자신을 가리고 있는 수많은 포장 속에서는 그 사람의 본연의 힘을 알아내기 어렵다.

가릴 게 없는 맨몸의 존재가 되어야 본질과 정체를 확연히 알 수 있는 것이다."

우리가 가지고 있는 사회적 지위와 배경을 벗어던진 진짜 모습은 무엇일까? 그건 샤워할 때 거울에 비치는 내 모습이다. 아무것도 걸치지 않은 순간, 비로소 본연의 나와 대면하게 된다.

작가 중에 '개인적인 이야기가 나와 이웃집 얼굴을 못 보겠다'라고 말하는 사람이 있다. 고백하자면 나도 책을 쓰면서 가장 많이 고민했던 부분이다. 하지만 독자에게 진심으로 다가 가려면 되도록 나를 확실히 내려놓아야 한다. 자기 자랑만 실컷 하면 궁금하지 않거니와 누구도 유쾌하지 않다.

나도 처음에는 미사여구 위주로 있어 보이게 쓰려고 노력했다. 그런데 쓰다 보니 내가 쓰고 싶은 글이 아니었다. 내가 그렇게 보이고 싶었을 뿐이었다. 이제까지 쓴 글은 다 지우고 다시 쓰기 시작했다. 처음에 나를 비우는 작업은 너무 고통스러웠다. 하지만 마음을 내려놓고 밖에서 바라보는 내 책에 대한 시선으로부터 자유로워지니 비로소 '울림 있는 글'이 시작되었다.

그리고 되도록 그날의 꼭지를 다 완성하기 전에는 다른 작업을 하거나 책 쓰는 공간을 벗어나서는 절대 안 된다. 2006년 노벨상 수상자 오르한 파묵은 글을 쓰는 동안 외부와의 통로는 팩스만 열어 놓는다고 한다. 전화 코드를 뽑고 자동응답기도 쓰지 않았다고 한다.

언제 어디서든 틈만 나면 글감을 고민하고 본문을 쓰자. 목차를 항상 내 몸에 가지고 다니며 그 날 써야 할 글감에 촉을 세우자. 노트북을 항상 가지고 다니며 자투리 시간에 글을 쓰고 단 1초라도 허투루 보내지 말자. 책 쓰기에 탄력받을 때까지 할 일은 최대한 내 몸이 책 쓰기에 체화될 때까지 '닥치고 쓰는 것' 뿐이다.

말하듯 쓰고
쓰듯 말한다

완성도 높은 문장이 탄생하는 비결

글을 쓰려고 마음먹어도 쉽게 글이 써지지 않는 경우가 많다. 글쓰기는 독자가 눈에 보이지 않는 점도 있고 무엇보다 내가 쓴 글에 대해 실시간으로 반응을 알 수 없기 때문이다. 마치 벽에 대고 말하는 느낌이다. 이를 극복하기 위해 쓰기 전에 말해보는 방법도 좋은 방법이다. 글을 쓰기보다 말로 표현하면 더 편하고 부담이 적다고 느끼기 때문이다. 흔히 글로 쓰기보다 상대방에게 말로 표현하면 훨씬 더 쉽게 설명이 가능하지 않은가?

말을 하면 생각이 떠오른다. 말은 기억의 우물에서 생각을 길어 올리는 역할을 한다. 말은 말을 불러오기 때문이다. 예를 들어 직장인이라면 회사생활에서 상당 부분을 회의 시간으로 보낸다. "또 회의야?"라고 하며 대다수는 회의적인 경우가 많다. 하지만 처음에는 큰 기대를 하지 않지만 막상 회의를 하다 보면 아이디어가 떠오르거나 내가 가진 문제가 해결되는 경우를 많이 볼 수 있다.

왜냐하면 내가 가진 지식과 상대방이 가진 지식 사이에 화학적 결합이 일어나면서 내가 전혀 생각하지 못했던 새로운 해결책이 떠오르기 때문이다. 비단 회사일 뿐만 아니라 친구와의 만남에서도 비슷한 경험을 한다. 특정 주제에 대해 친구 이야기를 듣다 보면 내가 가진 생각의 틀에서 벗어나 자유로운 상상을 하게 된다. 그럴 때면 불쑥 친구의 말을 끊고 내 이야기를 하고 싶은 충동을 느낀다.

그렇다. 사람의 생각도 대화를 나누다 보면 생각도 발전을 한다. 생각에 점점 살이 붙고 더 좋은 표현이 추가된다. 글쓰기나 책 쓰기는 독자를 향해 내 이야기나 메시지를 설득하는 과정이나 마찬가지다. 독자를 이해시키지 못하면 그 글은 생명력을 잃게 된다.

그러므로 가상의 독자에게 이야기하듯 친구나 가족, 제삼자에게 이야기 하다 보면 내 생각이, 내 글이 논리적인지 실시간 반응을 확인할 수 있다. 그 과정이 말과 생각을 정리하는데 도움이 되고 궁극적으로 더 완성도 있는 문장이 탄생할 수 있다.

글을 잘 쓰고 싶다면, 다독, 다작, 다상량, 다변

글 잘 쓰는 비결은 송나라 문인 구양수가 말한 다독(多讀), 다작(多作), 다상량(多商量)이다. 즉 많이 읽고, 많이 쓰고, 많이 생각하라는 뜻이다. 거기에 많이 말하라는 다변(多辯)이 추가되면 이상적인 글쓰기 연습이 된다. 글쓰기와 대화는 상대방에 대한 공감이 중요하다. 다양한 상호작용을 통해 자연스레 내 글과 책의 성공 가능성 유무를 검증해 볼 수 있다.

내가 쓰고자 하는 글의 주제에 대해 사람들에게 다 말하고 다녀야 한다. '10시간 말할 수 있으면 책 한 권 된다'라는 말이 있다. 글이란 독자와 이인삼각으로 하는 운동과 같다. 결국 함께 쓰는 거다.

이렇듯 말하고 가상의 독자인 주변 사람과 대화를 하면서 스스로 글의 핵심 논리가 단단해지는 경험을 하게 된다. 말하기기의 효과에 대해 이와 비슷한 과학적 연구 결과가 있다. 미국의 행동과학 연구기관(NTL, National Traning Laboratories)의 연구에 의하면 일반인의 기준으로 학습 후 24시간이 지난 후 학습 내용을 기억하는 비율을 연구했다. 그 결과로 학습 효율성이 강의 듣기는 5퍼센트, 읽기는 10퍼센트, 영상 듣기 20퍼센트, 집단 토의 50퍼센트, 경험 학습 75퍼센트, 서로 설명하기 90퍼센트 순으로 나타났다. 단순히 듣기만 하는 일방적 교육은 5퍼센트의 학습 효과가 있었다. 이에 반해 자신이 교사가 되어 다른 사람에게 설명한 경우 자신의 머리에 암기되는 비중이 90퍼센트라고 한다. 무려 18배의 효과다.

흔히 학창 시절에 공부 잘하는 친구에게 모르는 문제를 물어본 적이 있을 것이다. 수업 시간에 배운 내용을 친구에게 설명하며 복기하면 설명을 듣는 아이보다 결국 가르치는 친구에게 더 많은 교육적 효용 가치가 생긴다. 그러므로 배운 친구보다 정작 가르쳐준 친구가 더 좋은 성적을 받게 되고 더 잘 될 수밖에 없는 이치다.

그러므로 처음 글을 쓰는 데 어려움을 겪고 있다면 우물 안 개구리처럼 내 생각을, 내 가치를, 나만 알고 있다가 한꺼번에 일방적으로 독자에게 툭 던지지 말고 틈틈이 주변 사람들에게 말해보자. 옳은 방향으로 잘 가고 있는지 중간 점검을 받자. 그리고 그 과정을 통해 나온 결과물들을 글로 옮겨 보자. 처음 생각하던 것 이상으로 글쓰기가 쉬워질 뿐만 아니라 그 효과도 상상 이상의 결과로 다가올 수 있을 것이다.

책은 무거운
엉덩이로 쓴다

축적의 시간을 버텨야 비로소 책이 된다

출판업계에서는 문서 작업을 할 때 한글을 주로 사용한다. 폰트는 '바탕체', 크기는 '10', 줄간격은 160퍼센트로 작성한다. 일반적인 책은 5개의 장마다 8개의 목차로 총 40개 목차로 구성된다. 한 꼭지당 A4용지 2장에서 2장 반을 써야 한다. A4용지 100장의 글이 나오면 총 250장짜리 책 한 권이 완성된다. 하루에 목차 한 개를 쓰면 40일, 하루에 목차 두 개를 쓰면 20일 걸린다. 최소 하루 한 개는 써야 한다. 하루 목차 한 개를 못 쓰면 영원히 못 쓴다고 볼 수 있다. 시간이 지날수록 책 쓰기에 대한 열정도 떨어지고, 글감의 유통기한도 지나기 때문에 시장성이 떨어진다.

그러므로 무엇보다 매일 글을 써야 한다. 며칠을 멈추었다 쓰는 것은 바람직하지 않다. 평소에 책 쓰기의 감정선을 잃지 말아야 한다. 소설가 브라이스 코트니는 작가로서 성공의 비결을 '무거운 엉덩이'라고 했다. 글은 앉아 있는 시간에 비례해서 분량이 나온다는 뜻이다. 책상에 오래 앉아 있다고 공부를 잘하진 않지만 책 쓰기는 양상이 조금 다르다. 오래 앉아 있으면 있을수록 내 책은 하루라도 빨리 나오게 된다.

우리는 돈을 은행에 적금하고 필요할 때 수시로 찾아 쓴다. 내 시간도 내 이름으로 된 책 한 권이라는 인생의 변화를 도모하기 위해 적금이 필요하다. 무거운 엉덩이로 지금의 힘든 시간을 버텨내야 한다. 전문용어로 '스티킹 포인트'란 말이 있다. 운동하다가 힘들면 몸에서 '나에게 그만하라'고 신호를 보낸다. 하지만 이를 무시하고 계속 운동을 하면 근섬유에 상처가 난다. 너무 고통스러워 바벨을 내려놓는 게 아니라 그때부터 한계를 넘어 운동을 계속하는 순간 진짜 운동이 시작된다는 의미다.

'세 개만', '두 개만', '마지막 하나'라고 소리치는 헬스 트레이너의 교육방식은 이런 이유가 있다. 바벨을 내려놓고 싶은 순간을 버텨야 내가 원하는 몸을 만들 수 있다. 글쓰기도 마찬가지다. 내가 조사한 자료를 바탕으로 철저한 자신과의 대면을 통해 '고통스러운 축적의 시간'과 만날 때 비로소 세상에 선한 영향력을 미치는 좋은 글이 나오게 된다.

난 윗몸 일으키기 할 때 몇 개인지 세지 않는다
아프기 시작할 때에야 세기 시작한다
그게 내가 세기 시작하는 시점이다
왜냐면 그때가 진짜 운동이기 때문이다
그게 날 챔피언으로 만든다
– 무하마드 알리 –

글을 쓰면서 힘들 때면 '내가 무슨 부귀영화를 누리겠다고 이 고생을 하나' 이런 생각이 매일 나를 힘들게 했다. 또한 이 글이 정말 책으로 나올 수 있을지 막연한 불안감이 나를 괴롭혔다. 하지만 묵묵히 진도를 내다보니 어느 순간 마라톤 선수가 달리기의 고통이 희열로 바뀌는 순간 호르몬이 분비된다는 '러너스 하이'(runner's high)를 경험하는 순간처럼 즐기는 나를 발견 할 수 있었다.

본문 집필은 장거리 마라톤이자 체력전이다

운동을 할 때 무엇보다 기본기가 좋아야 한다. 2002년 월드컵에서 한국을 4강까지 올린 히딩크 감독도 제일 먼저 선수들이 90분 동안 쉬지 않고 뛰어다닐 수 있도록 기초체력을 키웠다. 그 결과 한국은 4강이라는 기적을 맛보았다.

글쓰기 역시 심신이 모두 건강해야 잘 할 수 있다. 책을 쓰면서 이렇게 체력적으로 힘든지 상상도 못 했다. 일단 자료 수집할 때 정리 작업에 엄청난 시간이 들었다. 목차를 잡을 때도 수많은 자료를 정리하는 과정은 거의 막노동에 가까웠다. 본격적인 본문 집필에 들어가면 워드작업이 더 많아 손목이 아프고, 온몸이 뒤틀렸다. 허리도 아파서 수시로 자리에서 일어나 스트레칭을 했다. 지금도 기초 체력을 키우기 위해 출퇴근 시간에 30분씩 속보로 걸어 다니며 몸을 단련하고 있다.

내가 책을 쓴다고 말하니, 사람들이 체력의 중요성에 대해 많은 이야기를 해주었을 때 '어차피 직장인이 컴퓨터 앞에 앉아 글 쓰는 게 평생 일이었는데 크게 힘들겠어?'라고 만만히 보았는데 큰코다칠 뻔했다.

그리고 잠은 최대한 충분히 자는 것이 중요하다. 최소 6시간 정도는 자는 게 좋다. 그 이하로 자면 책을 쓰는데 애로사

항이 많다. 오히려 그다음 날 졸리고 몸이 피곤해 책을 쓰는데 집중하기 힘들었다. 맑은 정신으로 최대한 집중하는 편이 더 효율적이라는 사실을 잊지 말자.

노벨문학상을 받은 미국의 소설가 존 스타인벡은 '글쓰기는 세상에서 가장 외로운 노동이다.'라고 말했다. 작가가 되려는 사람은 고독과 친하게 지내야 한다. 그리고 나와의 철저한 사색의 시간을 온전히 받아들여야 한다. 특히 정신적 마음 못지않게 강한 체력을 틈틈이 키워나가자. 무거운 엉덩이의 내공을 키워 결승선으로 한방에 돌진해 완주하자. 책 쓰기라는 나만의 버킷리스트를 하루빨리 달성하자.

긴 글
술술 쓰는 법

난 한 놈만 패

나는 직장을 다니면서 책을 쓰기로 독하게 마음 먹었다. 하지만 막상 글을 쓰다 보니 여러 가지 난관에 봉착했다. 가장 큰 고민은 일반적으로 40개의 목차로 구성되는 긴 글을 어느 세월에 다 쓸지 막막한 두려움이 밀려왔다. 하지만 일단 닥치고 쓰고 쓰다 보면 글발이 자연스레 늘어난다는 사실을 알게 되었다. 예비작가라면 구체적인 노하우가 궁금할 것이다.

1999년 개봉했던 영화 '주유소 습격사건'이 기억난다. 영화배우 이성재와 유오성이 주연이었던 영화다. 그때 싸우는 장면에서 유오성의 대사가 무척 인상적이었다.

"난 한 놈만 패!"

250쪽 분량, 40여 개의 목차를 다 써야 책 한 권이 나온다. '언제 저것을 다하나?'하고 쉽게 마음이 내키지 않는다. 하지만 그 날 소화해야 할 한 목차에만 집중하고 '한 놈만 팬다'라는 목표가 중요하다. 다른 고민은 일체 신경 쓰지 말자.

산티아고 길을 갔다 온 사람들의 이야기를 들어보면 처음에는 아름다운 풍경을 보며 환호성을 지른다고 한다. 하지만 며칠 지나면 고통이 시작되고 여기 왜 왔는지 딜레마에 빠지게 된다고 한다. 그럴 때면 하루하루 순간순간에 집중해야 계속 걸을 수 있다고 한다. 그러면 현재에 충실해야 한다는 교훈도 얻게 된다고 한다. 책 쓰기가 딱 그렇다. 행군할 때 내 앞에 있는 사람 발만 보고 걷다 보면 어느 순간 목적지에 다다르듯이 오늘 내가 써야 할 그 목차에만 온전히 집중해야 한다. 나는 화장실 갈 때도 해당 목차 원고를 인쇄해 가서 수정항목을 꼼꼼히 표시하는 등 시간을 낭비하지 않으려 노력했다.

몰입은 힘이 세다, 아주 세다

많은 사람이 좋아하는 연기자 송강호는 배역이 맡겨지면 철저히 그 사람에게 빙의되어 캐릭터의 인물이 되고자 노력한다고 한다. 자신이 맡은 배역에 몰입 후 촬영이 끝나도 후유증을 겪는 연예인을 많이 보게 된다. 책 쓰는 과정도 비슷하다. 쓰고 싶은 책을 위해서는 철저히 그 책에 등장하는 사람이나 사물, 사건에 철저히 몰입해야 좋은 글이, 더 나아가 일정에 맞게 글이 나올 수 있다.

내가 만약 유대인의 창의성과 자녀교육을 주제로 쓴다면 원고를 쓰는 기간 동안 내가 아닌 철저히 유대인의 삶을 살아야 한다. 유대인의 역사를 이해하고, 음식문화를 공부하고, 하브루타 토론식 대화법을 몸과 마음으로 이해하고 나서야 진짜 책을 쓸 수 있다.

그렇게 전체 맥락을 철저히 이해하고 난 후 하나하나 목차를 써 가면서 또 한 번 더 깊이 들어가야 한다. 그 목차에 필요한 사례를 위해 책을 읽고 인터넷 검색을 하고, 관련 영상을 통해 자료를 수집하고, 거기에 내 생각을 버무려야 글이 완성된다. 유대인의 음식편 목차를 쓴다면 할랄 음식인 코셔 문화에 대해 집요하게 파야 한다. 마치 몸과 마음을 다해 전통 도

자기를 굽는 장인의 모습이라고 할까? 그 목차가 다 끝날 때까지 다른 생각을 일체 하지 말자. 목차에 온 신경을 쓰면서 집요하게 걸어 나가는 자세가 필요하다.

블루투스 이어폰으로 끝장내기

책 쓰는 3개월 동안은 24시간 내내 책 쓰기 상태로 돌입해야 한다. 나는 출퇴근 길에 책 쓰기 관련 영상이나 자기계발 콘텐츠를 보며 책 쓰기의 감을 놓치지 않기 위해 노력했다.

그런 면에서 블루투스 이어폰을 추천한다. 출퇴근 시간은 기본이고, 미팅 전에 대기시간, 점심 식사 후 자투리 시간에 틈틈이 글 쓰기 영상을 집중해서 본다.

대중교통을 이용하는 출퇴근 시간에는 유튜브를 틀어놓고 라디오처럼 들으면서 간다. 해당 목차를 다 완성할 때까지 오감을 총동원해 기를 쓰고 자료를 모으고 쓴다. 음식물 쓰레기 버리러 갈 때, 설거지할 때, 진공청소기 돌릴 때 등 남는 시간에는 블루투스 이어폰이라는 기계의 힘을 빌려 책 쓰기에 도움이 되고자 노력했다.

인증샷 놀이를 통해 외로움 달래기

혼자서 공부하면 아무래도 외롭다. 그래서 내가 책을 쓰고 있다는 사실을 스스로 점검하고 주변에 진행 과정을 공유하면 좋다. 긴장감도 느끼고 다른 사람에게 내 글쓰기 과정과 진도 일정을 말해 놓았기에 눈치가 보여 놀지 못하게 된다. 나 같은 경우 아들만 셋이라 삼 형제 카톡방이 있다. 거기에 책을 시작할 때 언제까지 끝낼 건지 형들에게 선포했다. 그리고 일주일에 한 번 정도 나의 진행 상황을 공유했다. '주제를 선정했다', '목차 작업을 끝냈다', '자료수집을 끝냈다', '본문 집필을 시작했다' 고 말한다.

본문 집필이 30퍼센트, 50퍼센트, 70퍼센트, 100퍼센트씩 완성되어가면 빨간색을 채워지고 있는 진도표를 들고 셀카를 찍어 인증 사진으로 공유했다. 주변의 응원이나 피드백이 혼자 글을 써야 하는 외로운 나에게 많은 자극과 동기부여가 되었다. 배우자에게 하는 방법도 좋지만 친한 친구들이 있는 방이나 형제자매가 있는 카톡방이 좀 더 긴장감도 있고 좋을 것이다.

제대로 쓰기보다
빨리 써서 고쳐라

초고는 가슴으로 쓰고 퇴고는 머리로 쓴다

흔히 글을 쓰다 보면 자꾸 이미 쓴 원고를 다시 보는 습관이 있다. 내가 글을 잘 쓰고 있는지, 문장이 완벽한지, 맞춤법은 맞는지 등 진도는 나가지 않고 내 글의 완성도에 대해 걱정만 하게 된다. 그렇게 되면 글이 제대로 써지지 않는다.

글이란 일단 초고를 쓰고 그걸 보면서 고치는 편이 훨씬 효과적이다. 사람은 누구나 새로운 무언가를 창조하는데 부담을 느낀다. 하지만 기존 것을 보고 지적하거나 보완할 점은 귀신

같이 잘 찾는다. 뇌과학적으로도 사람의 뇌는 새로운 창작보다 지적과 자기검열을 잘하는 구조라고 한다.

맞춤법이 틀려도 두려워하지 말자. 두 사람이 글을 쓸 때 한 사람은 맞춤법을 생각하며 쓰고, 다른 한 사람은 그냥 쓴다면 누가 더 잘 쓰게 될까? 결론적으로 맞춤법을 고민하지 않는 사람이 글을 더 잘 쓴다는 연구 결과가 있다. 좋은 글이란 맞춤법이 완벽하기에 앞서 콘텐츠 자체가 훌륭한 글이어야 한다. 게다가 나의 인지 자원은 한정되어 있다. 한정된 인지 자원을 글쓰기에 집중해야 한다. 글을 쓰는 과정에 인지자원이 분산되면 글 수준이 떨어질 수밖에 없기 때문이다.

'초고는 가슴으로 쓰고 퇴고는 머리로 쓴다'는 말이 있다. 초고는 글을 읽어주는 독자를 생각하며 우뇌의 따뜻한 감성으로 쓰고, 퇴고는 좌뇌의 차가운 이성으로 써야 한다는 말이다. 또한 초고는 수집한 자료를 토대로 나의 가치관을 녹여 속도감 있게 나가야 하며, 탈고는 고치고 또 고쳐서 원고의 완성도를 높이는 디테일이 중요하다. 초고를 쓰고 나면 9부 능선을 넘겼다고 볼 수 있다. 그다음부터는 내리막처럼 손쉽게 마무리 할 수 있다.

초고는 걸레다

혜밍웨이는 "초고는 걸레다."라고 말했다. 대표적인 소설 『노인과 바다』도 수백 번 고쳤다고 한다. 초고가 걸레같이 너덜너덜한 수준이라 마음에 들지 않더라도 우선 진도를 거침없이 내야 한다. 정확한 맞춤법이나 문장의 완결성은 일단 나중에 다시 보고, 내가 하고자 하는 내면의 이야기를 깊이 있게 발산해야 한다.

과거 소설 『개미』를 지은 저자 베르나르 베르베르가 본문 집필에 대해 다음과 같이 말했다고 한다.

"계속 쓰세요. 뒤돌아보지 말고 쓰세요. 끝날 때까지는 앞에서부터 다시 읽어보지 않습니다. 주변의 누구에게도 보여주지 말고 끝까지 쓰세요."

"하루에 조금이라도 계속 쓰세요. 다만 절대로 다시 읽어보시면 안 됩니다. 다시 읽어보면 고치고 싶어져요. 쭉 끝까지 포기하지 말고, 일단 쓰는 겁니다."

초고는 느낌 가는 대로 이른바 감정이 충만한 상태로 써 내려가자. 자꾸 돌아보면 '촉'을 유지하기 어렵다. 초고로 자기검열 하지 말자. 우선 진도를 먼저 빼는 게 무엇보다 중요하다.

퇴고, 글이 책이 되는 시간

퇴고는 자신의 글로부터 유체 이탈하여
자신의 글에 대한 최초의 독자가 되어보는 경험이다
– 정여울 작가 –

원고를 출간 가능한 상태로 완성하는 작업을 탈고라고 한다. 탈고란 원고를 탈(脫)하는 것이다. 집필을 완전히 마친다는 뜻이다. 집필을 마치기 위해서는 초고를 수정해야 하는데, 이 작업을 퇴고(推敲)라고 한다.

되도록 퇴고를 할 때는 힘들더라도 인쇄해서 종이로 보길 권한다. 정말 신기하게 스크린으로 보이지 않던 오타나 부자연스러운 문장이 눈에 잘 띈다. 그리고 초고를 완성 후 하루 정도는 쉬고 퇴고를 하면 좋다. 고생했으니 쉬라는 의미도 있지만, 그보다도 내 글을 낯선 시선에서 바라볼 수 있게 한다. 독자 입장에서 글을 검토할 수 있게 된다.

내가 쓴 첫 번째 원고는 내가 바라는 것의 60퍼센트 수준이다.

두 번째로 쓸 때는 75~80퍼센트 수준으로 올린다.

마무리하는 단계에서는 할 수 있는 한 최선을 다하면서 90~95퍼센트가 된다.

언젠가 더 나아질 것이다.

– 시드필드(시나리오 워크북) –

책을 낸 사람은 대부분 100번 이상 고치고 또 고치고 또 고쳐 쓴 사람이다. 글의 완성도를 높이며 '나무를 베어서까지 책으로 만들 만한' 가치가 있는지 자신에게 냉정하게 물어보아야 한다. 하루에도 엄청나게 쏟아지는 신간 속에서 내 책이 어떤 메시지와 울림을 세상에 내놓을 수 있을지 끊임없이 고민해보자.

어려운 글은 부드럽게, 쉬운 글은 깊게, 깊은 글은 더 재미있게 퇴고하기

1. 전체 원고 분량 점검(A4 두 장~두 장 반)
2. 주어와 서술어가 맞는지 확인

3. 맞춤법 및 오탈자 체크

4. 인용 사례의 사실 확인

5. 문장은 간결하고 짧게(두 줄 이하)

6. 내용을 가다듬어 목차 제목과 연결성을 높인다

7. 최대한 쉽게 쓰였는가?

8. 한자나 영어 오타 여부

9. 쉼표, 마침표, 가운뎃점 표기 정확성

11. 내용이 빠진 부분 보충

12. 불필요하게 들어간 단어나 내용 중복은 삭제

13. 최소 세 번은 고친다

초고는 '닥치고 진도 빼기'라고 말하는 사람이 있고, 그래도 어느 정도 수준은 유지하고 퇴고로 넘어가자는 사람도 있다. 나는 평균적으로 자료를 수집하는데 두 달이 걸리는데, 첫 번째 책의 경우 초고에 40일이 걸렸지만, 최근에는 30일 정도 걸렸다. 첫 번째는 초고를 맞춤법까지 거의 퇴고 수준으로 하며 매일 한 목차씩 진도를 나갔지만, 시간이 지나면 지날수록 하루에 한두 목차씩 진도를 내고 있다. 첫 번째 책 초고는 너무 꼼꼼히 봐서 본문 집필에 속도가 느렸다. 초고 집필이 힘들면 상대적으로 퇴고 난이도가 내려가고, 초고 과정이 쉬웠다면 상대적으로 고단한 퇴고 과정이 나를 기다린다. 나는 개인적으로 초고 집필할 때 가능한 어느 정도의 질을 유지하는 게 좋다고 생각한다.

최소한 한 목차를 쓰고 세 번 이상 수정을 해야 비로소 어느 정도 수준의 초고가 완성된다고 본다. 결국, 초고 진도가 너무 느리게 하거나 빨리 하지도 않는, 어느 정도 긴장감 있는 속도로 하면 좋다는 말이다. 글을 쓰면서 가장 효율적인 나만의 초고 속도를 고민해 보자. 그리고 더하기, 빼기, 다듬기라는 퇴고 과정을 통해 단단하면서도 충만한 글을 완성하자.

출판사 종류 알아보기

출판사의 종류는 규모 기준으로 대형 출판사와 중소형 출판사로 구분된다. 또한 비용 유무에 따라 기획 출판과 자비 출판으로 나누어지며, 출판 유형에 따라 종이책과 전자책으로 구분된다. 작가가 되려면 출판사 종류에 따른 장단점을 미리 파악하는 게 무엇보다 중요하다.

대형 출판사 vs 중소형 출판사

대형 출판사는 일단 직원이 많고 기획과 편집력에 노하우를 많이 가지고 있다. 또한 브랜드 인지도가 높고 규모의 경제를 실현하고 있는 만큼 마케팅과 홍보에 투자를 많이 한다. 전국적인 서점 유통망과 온라인 홍보 망을 잘 구축하고 있어 책의 노출 빈도수를 높이는 비결도 갖고 있다. 그런 면에서 베스트셀러를 보유하고 있는 대형 출판사가 많다. 반면 연간 출간계획이 오래전부터 확정되고 유명 저자 위주로 출간되기에 내 책의 출판시기가 늦어질 수 있고, 유명 작가에 비해 내 책의 관심이 다소 소홀하다고 느낄 수도 있다.

중소형 출판사가 좋은 점은 비교적 빠른 출간이 가능하다. 책 한 권의 흥행 여부가 출판사에 미치는 영향력이 크므로 내 책에 '선택과 집중'을 한다. 또한 작가의 의견을 되도록 많이 반영해 준다. 반면 출판사 브랜드 인지도가 낮고 홍보가 다소 부족한 면도 있다. 자금력이 부족해 SNS에 서평 이벤트 등의 홍보에 집중하는 편이다.

기획 출판 VS 자비 출판

기획 출판은 출판과 마케팅 등의 모든 비용을 출판사에서 부담한다. 반면에 자비 출판은 자기 돈으로 1천만 원 내외를 들여 출판한다. 일반적으로 상업적 가치나 낮거나, 투고 거절된 작품이 많기에 판매가 잘 안 되는 편이다. 아마추어 작가라는 인식도 생기게 되고 홍보 면에서도 기획 출판에 비해 영향력이 많이 떨어진다. 사실 자비 출판은 판매 목적 보다 주변 지인들에게 나누어 주거나 자서전 등 자신의 업적을 홍보하기 위해 많이 이용하는 편이다.

종이책 VS 전자책

출판사는 두 종류가 있다. 일반 출판사와 전자책 전문 출판사이다. 최근 들어 1인 출판사나 전자책 전문 출판사가 많아지고 있다. 동시에 나오는 경우도 있지만 보통 일반 책은 종이책이 나오고 한 달 내외로 전자책이 나온다. 출판사의 계획된 홍보 전략인 셈이다. 1차 종이책으로 신간 홍보를 하고 인기가 시들해질 때 2차 전자책 발간을 통해 한 번 더 신간으로 노출하는 방법이다. 종이책의 경우 대형 서점에는 깔려도 중소 서점까지는 안 깔리는 경우가 있다. 초보 작가의 책은 많이 받아주지 않기 때문이다.

대신 전자책은 온라인으로 배포되기에 전국 누구라도 쉽게 구매할 수 있다는 장점이 있다. 반면 생각보다 많이 팔리지 않는다. 아직도 전자책 매출이 종이책의 10퍼센트밖에 되지 않는다. 젊은 사람들이 좋아하는 장르라면 전자책이 유리한 경우도 있지만 종이책 판매량을 넘어선 전자책은 과거 사례를 볼 때 거의 없었다. 전자책의 정가는 일반적으로 종이책 정가의 70퍼센트 내외에서 정해지는 편이다. 요즘 전자책에 대한 수요가 늘다 보니 전자책 출판사도 자연스럽게 늘고 있다. 그러므로 일반 출판사 종이책보다 출판하기가 다소 쉽다.

전자출판의 장점은 들어가는 돈이 적다는 것이다. 전자출판 프로그램을 사용해서 제작하기 때문이다. 따라서 출판이 보다 쉽다. 일반 출판사에서 출판에 신중한 이유는 자금 문제가 가장 크다. 위험을 감내하기 쉽지 않기 때문이다.

또한, 전자책은 인세가 높은 편이다. 보통 일반 출판사의 인세율은 8~12퍼센트 내외다. 작가의 상표 가치에 따라 인세는 달라진다. 전자책 전문 출판사 인세율은 종이 책보다 높은 30~50퍼센트 정도 된다. 전자책으로 흥행이 성공하면 더 많은 이익을 얻을 수 있는 구조다. 또한 인세 부분에서 전자책은 '쇄'라는 개념이 없는 특징이 있다. 인쇄소에서 찍어내지 않기 때문이다. 그냥 온라인으로 계속 판매된다. 그래서 월, 분기, 반기마다 지급되어 종이책보다 인세가 자주 입금되는 편이다.

하지만 아직 독자들은 전자책보다 종이책을 당연히 선호한다. 종이책보다 판매도 많이 되지 않는다. 특히 어른들은 전자책보다 종이책을 좋아한다. 또한 자신의 전문성과 개인 브랜드 인지도를 높이려면 종이책 출간이 더 효과가 있다. 책이 책꽂이에 꽂혀있어야 진짜 출간한 기분이 들기도 한다. 결론적으로 전자책 출간은 장단점이 분명히 있다. 이왕이면 출판사와 잘 협의해서 종이책과 전자책을 동시에 출간하는 방식이 가장 이상적이다.

그리고 초보 작가는 현실적으로 중소형 출판사와 계약할 확률이 높다. 좀 더 솔직히 이야기하자면 베스트셀러 반

열로 올라가서 엄청 많이 팔리기는 쉽지 않다. 왜냐하면 처음 쓴 책은 내용 면에서 저자 스스로 만족스럽지 않을 수 있고, 결정적으로 저자 브랜드가 없기 때문이다. 사실 첫 책을 냈다는 데 의미를 두는 게 마음 편할 수도 있다. 내 책에 대한 독자들의 반응을 보면서 스스로 더 단단한 책을 내기 위한 일종의 디딤돌이라고 생각하면 좋겠다.

계약_
나와 잘 맞는 출판사 선택하는 법

6장

나는 지금
출간 계약하러 간다

좋은 원고는
팔 수 있는 원고

　출판사는 사회봉사단체가 아니다. 이윤을 내야 하는 곳이다. 출판사가 생각하는 '좋은 원고는 팔릴 수 있는 원고'다. 대박은 아니더라도 중박 정도는 돼야 한다. 물론 콘셉트가 맞으면 좋지만 무엇보다 얼마나 시장성이 있는지가 가장 중요하다. 초판 2천 부를 다 판매할 수 있는 책이 가장 매력적인 원고인 셈이다. 상업 출판을 하는 출판사가 원고를 처음 접했을 때 가장 먼저 드는 생각이 "이거 얼마나 팔릴까?"라고 한다. 심지어 편집자들이 며칠을 고민해 써낸 기획안을 본 출판사 상사들의 첫 마디도 "그래서, 이거 몇 부 정도 팔 수 있겠어?"

라고 한다. 이런 현실을 고려하면 출판사가 선호하는 책은 다음과 같다.

1. 책의 콘셉트가 지금 시대정신과 맞는가?

베스트셀러는 시대정신의 바로미터다. 작가가 잘나서도 있지만 최우선은 시대의 요구와 맞아야 하고 시장이 반응하는 주제여야 한다.

예를 들면 최근 코로나로 경제가 나빠지면서 재테크책『부의 추월차선』같은 주제가 꾸준히 인기가 있다. 불황의 시대, 우리의 일상은 팍팍하고 삶이 힘들다. 이런 독자들은『죽고 싶지만 떡볶이는 먹고 싶어』에 뜨거운 반응을 보였다. 불확실성의 시대 온갖 스트레스에 노출되기에 최근에는 건강서도 꾸준히 나오고 있다.

이런 모습은 시대가 원하는 우리나라의 중요한 양상이다. 2017년 한 해 동안 많은 사랑을 받았던 책『지적 대화를 위한 넓고 얕은 지식』은 독자가 가진 욕망을 잘 이끌어 냈다고 볼 수 있다. 단기간에 깊이 있는 교양을 쌓긴 어려운 일반 독자들이 쉽게 지식을 얻고 다른 사람들 앞에서 지적 능력을 뽐내고 싶어 하는 인간의 숨은 욕망을 잘 건드린 책이라 할 수 있다.

2. 마케팅력을 갖춘 작가인가?

예비 작가들은 유명 작가의 작품이 많고 마케팅력을 갖춘 대형 출판사와 계약하고 싶어 한다. 출판사도 이와 크게 다르지 않다. 베스트셀러가 될 가능성이 높고, SNS 등 마케팅 능력이 있거나 유명해질 가능성이 있는 다이아몬드 원석 같은 저자를 선호한다.

과거 출판 시장에는 작가의 브랜드가 중요한 요소였다. 명문대를 나오거나 전문직이거나 텔레비전에 출연한 적이 있는 인물이 책을 쓰면 대박이 나곤 했다. 하지만 이제는 1인 크리에이터 시대다. 유튜브, 페북, 인스타 인플루언서가 반 연예인이 되었다. 대도서관 등 유명 유튜버들이 현대사회의 새로운 문화 권력이라고 볼 수 있다.

3. 현실적인 사례가 많고 가독성 있고 재미있게 썼는가?

요즘은 무거운 내용보다 가벼운 글에 사람들이 반응한다. 최근에 『나는 나로 살기로 했다』 등 읽기 쉬우면서도 공감가는 가벼운 에세이가 강세를 보이는데 이 또한 시대상을 반영한 현상이다. 독자들은 작가의 일상과 삶의 철학을 궁금해 한다. 책 내용을 통해 '작가도 결국 나와 같은 사람이구나'라는 동질감을 주어야 깊은 공감을 끌어낼 수 있고 결국 자연스럽게 입소문이 나 책 판매에 큰 영향을 준다.

4. 진심을 담은 출간 기획서인가?

보통 저자소개라 하면 학력, 경력, 저서를 많이 적는다. 간혹 그런 형식에 벗어나 자유롭게 소개글을 보내는 사람도 있다고 한다. 하루에 100통 이상 많은 양의 투고 메일에 시달리는 편집자 처지를 생각해 보자. 자신이 힘들었던 인생사를 덤덤히 풀어내거나 이 책을 통해 이 세상에 어떤 선한 영향력을 전파할지 어필하는 원고에 왠지 애정이 많이 갈 수밖에 없을 것이다.

반면에 누군가 정해준 기준이나 공식에 짜 맞추듯 획일적 형식의 기획안이나 자기소개, 원고 내용 소개 등은 오히려 마이너스가 될 수 있다. 스펙이 화려한 사람보다 진정성을 담아 원고를 쓴 사람이 더 매력적일 수 있다. 이 책을 왜 자신이 쓸 수밖에 없었는지 소명 의식을 적어 준다면 출판사 입장에서는 저자의 취지를 훨씬 이해하기 쉽다.

5. 목차가 독특하고 매력적인가?

목차에서 이미 편집자의 마음을 사로잡아야 한다. 그래야만 마지막 단계인 전체 원고를 확인한다. 문장력, 수정 범위,

분량의 적정성 등을 통해 계약 여부를 최종 판단하게 된다.

6. 왜 이 출판사에서 출간하고 싶은지 밝혔는가?

단체 메일이 아니라 왜 투고한 출판사와 함께 작업하고 싶은지 구체적인 이야기해 준다면 메일을 받는 출판사 입장에서는 다른 마음으로 대할 것이다.

이 세상에 가치 없는 원고는 없다. 하지만 매년 '단군 이래 최악의 불황'이라는 출판계의 현실을 직시해 좀 더 많은 준비를 해야 한다. 연간 한권당 2천 부 이상 팔기도 쉽지 않다. 첫 술에 모든 걸 얻으려는 욕심을 버려야 한다. 출판시장은 냉정하고 독자들의 시선은 점점 날카롭고 차가워진다는 사실을 항상 잊지 말자.

내 원고를 탐내는
출판사에 투고하는 법

몇 달을 고생하며 정성 들여 쓴 원고를 출판사에 투고해야 하는 운명의 시간이 왔다. 출판용어로 투고를 '피칭'이라고 하기도 한다. 출판사 관계자를 모른다면 걱정이 앞설 수도 있으나 걱정하지 말자. 출판사는 대부분 이메일로 예비 저자의 원고를 받고 있으니 이메일 리스트를 수집해서 발송하면 된다.

출판사의 연락처를 최대한 확보하라

일단 출판사 이메일을 수집하기 위해 근처 교보문고나 영풍문고 등 대형서점으로 가자. 대형서점이 없다면 큰 도서관을 가도 좋으나 거기에는 최신 서적이 부족하다. 주의해야 할 점은 출판사마다 출간 영역이 다르다. 한 가지 분야만 출간하는 곳이 있고, 다양한 분야를 골고루 출간하는 곳도 있다.

당연히 내가 쓴 원고와 분야가 같은 분야로 간다. 경영경제인지, 자기계발인지, 에세이인지, 종교 서적인지 내 책에 맞는 신간 매대부터 보자. 거기에는 가장 최근에 나온 인기 있는 책이 많다. 출판사 중에는 출간하지 않는 곳도 많다. 투고 전에 대형서점을 가야 하는 이유도 신간을 열심히 내는 출판사 중 내가 쓴 주제를 자주 출간한 출판사가 내 원고를 받아줄 확률이 높기 때문이다. 매대를 확인하고 서가에 꽂혀 있는 나와 같은 분야의 책까지 모조리 보면서 내 책과 유사한 콘셉트의 책을 찾는다. 출판사의 규모는 신경 쓰지 말고 일단 최대한 많이 고르자.

소수 몇 군데 출판사에만 투고하지 말고, 최소 200군데 이상은 보내야 한다. 유사한 분야의 책을 고른 후 본문 앞쪽이나 뒤쪽에 있는 판권을 찾자. 판권에는 출판사 이름, 전화번호, 이메일, 팩스 번호, 발행일 등 출판사 정보가 있는데 이메일 주소만 확보하면 된다. 투고를 위해 이메일 주소를 메모하거나 사진을 찍어 집에 와서 별도 정리하자. 보통 50개나 100개씩 분야별로 모아 발송하면 된다. 확보한 출판사 이메일 숫자가 많으면 많을수록 내 책이 나올 확률이 높아진다.

〈출판사 이메일 수집 정보 안내 사이트〉
- 서지정보유통지원시스템 (seoji.nl.go.kr)
- 한국출판인회의 (www.kopus.org)
- 대한출판문화협회 (www.kpa21.or.kr)
- 출판유통진흥원 (www.booktrade.or.kr)

출판사와 첫 만남, 투고 메일 보내기

메일은 출판사와 만나는 첫 이미지이다. 그러므로 출판사 관계자에게 이 사람은 프로라는 인상을 주어야 한다. 메일 본문도 품격을 갖추어야 한다. 너무 많은 정보를 쏟아 내며 장황하게 메일을 보내면 좋지 않은 인상을 준다. 프로는 심플하게 원고의 퀄리티와 깊은 내공을 보여주면 된다. 이 책을 왜 쓰게 되었는지, "귀사와 좋은 인연을 가지고 싶다. 긍정적으로 검토를 해 달라" 정도면 충분하다. "오랜 시간 밤을 세워 각고의 노력을 했다" 등 지나친 자기 홍보는 오히려 마이너스다. 투고 시점은 월요일 오전 8~9시경이 제일 좋다. 왜냐하면 첫 주의 시작이기에 출판사 관계자들이 전체 회의를 열기 때문이다. 투고 후 출판사에서 관심이 있는 경우 대부분 하루 이틀 내에 연락이 온다. 길면 일주일 내로 온다. 가장 좋은 경우는 반나절 만에 출판사들의 연락을 받는 것이다. 대형 출판사의 경우 1~2주 이상이 걸리곤 하지만 2주일 이상 연락이 안 오는 출판사는 거절이라고 봐도 무방하다.

투고 시에는 본문 내용과 별도 첨부로 출간기획서, 목차, 샘플 원고(2~3개), 전체 원고를 보내야 한다. 그리고 자신의 연락처는 꼭 남겨야 한다. 특히 주의할 점은 많은 출판사에 단체 발송을 한다 해도 일률적인 전체 메일을 보내지 말자. 내가 출판사 관계자라면 대량 발송 메일 리스트에 내 이메일이 들어가 있는걸 보게 된다면 썩 기분이 좋지 않을 것이다. 이메일 설정을 통해 개인별 수신인지 꼭 확인 후 발송 버튼을 누르는 에티켓을 잊지 말자.

투고 시 전체 완성 완고를 보내면 좋다. 어떤 사람은 본문 일부만 보내는 편이 좋다는 사람도 있다. 출판사와 협의해 완성도 있는 원고를 함께 만들 수 있다는 이점도 있을 수 있다. 분명 장단점이 있지만 내가 생각하기에는 완벽한 원고를 보내는 것이 출판사에 더 신뢰를 얻을 수 있다고 생각한다. 특히 무명의 작가에게 투자할 출판사에 전체 원고를 보여줌으로써 막연한 불안감을 해소해 줄 수 있다. 특히 계약 후에는 정신적 정신력이 흔들리거나 나태해질 수 있음으로 전체 원고를 빨리 완성하고 투고하는 게 여러 면에서 좋다.

출판사 관계자가 말하는 투고 원고에 대한 속마음

– 좋아 보이려고 구구절절 호소할 필요 없다! 그냥 보여주면 된다. (K 출판사 관계자)

– 직접 찾아오겠다고 고집을 부리시면, 마이너스 1,000점입니다. (S 출판사 관계자)

– "저자가 1만 부 이상 사실 거 아니면, 제발 몇 부 사겠다고 먼저 말하지 말아주세요! 없, 어, 보…" (U 출판사 관계자)

– 출판사의 분야는 정체성이자 브랜드다. 투고 전 출판사에서 내는 책들을 꼭 확인하길. 오늘도 문학 출판사에 재테크 원

고를 투고하는 분, 사양합니다. (A 출판사 관계자)

− 이메일 제목 말머리에 분야를 꼭 써두자. 예를 들어 [에세이], [여행서], [재테크] 등 이런 식으로 센스있게 이메일 제목을 쓴다면 담당 분야 편집자가 빨리 당신의 메일을 열어볼 가능성이 높아진다. (Y 출판사 관계자)

인터넷에 회자되던 글이다. 내가 책을 쓰기만 하면 당장이라도 사돈의 팔촌, 초중고대학 동창, 친구, 회사 동료들이 놀라고 칭찬하며 책을 사줄 거라는 것은 착각이었다는 현실을 금방 깨닫게 된다. 지금 같은 불황기에 아는 사람들이라고 해서 호락호락 지갑을 열지 않는다. 만약 책을 본인이나 지인들이 산다고 하더라도 그 내용을 투고할 때 어필하면 계약 체결에 부정적 영향을 미친다. 왜냐하면 원고에 대한 자신감이 없어 보이고, 출판사 관계자 입장에서는 첨부파일을 열기도 전에 콘텐츠가 빈약할 거라는 선입견이 생기게 된다.
투고까지 마쳤다면 이제 내가 할 일은 출판사의 연락을 기다리면 된다. 본문 집필이라는 외롭고 힘든 기나긴 터널을 잘 버텨왔다. 이제 출판사의 선택을 기다리는 가슴 뛰는 시간, 스릴감을 온몸으로 느껴보자.

출판사의 거절에
상처받지 않을 용기

출판사의 진행 여부 결정은 길게 2주

투고 후 조마조마하게 기다리고 있는 나에게 가장 좋은 피드백은 무엇일까? 그것은 바로 출판사 대표이사나 관계자에게 직접 전화가 오면 최고다. 이것은 내 원고가 상당히 마음에 든다는 뜻이다. 만나서 이야기하자는 전화는 거의 계약을 하고 싶다는 이야기니 행복한 비명을 질러도 좋다.

보통 투고 후 출판사의 진행 여부는 길게 2주까지 걸린다고 한다. 하지만 요즘은 검토 기간이 빨라져 보통 이틀 정도면

이 원고가 투자 가치가 있는지 아닌지 판가름 난다고 한다. 실제로 나도 그랬다. 이틀에 걸쳐 집중적으로 피드백이 왔고, 거의 반나절 만에 상업 출판 여부가 사실상 결정이 났다. 반면에 투고를 하고 기다리는 나에게 가장 자주 오는 메일은 다음과 같다. '잘 접수되었습니다. 검토 후 연락드리겠습니다.' 또는 '내부 검토에 1~2주가 걸린다'라거나 대형 출판사의 경우 '검토에 최장 한 달까지 걸린다'는 친절한 설명 메일이다.

결론적으로 아무리 기다리고 망부석이 되어도 돌아오지 않는 연락이 '검토 후 연락드리겠습니다'이다. 대부분의 출판사는 원고를 여러 출판사에 한꺼번에 돌린다는 사실은 알고 있다. 원고가 정말 맘에 든다면 다른 출판사에서 먼저 계약할 가능성 정도는 충분히 숙지하고 있을 것이다. 그런데도 불구하고 '검토해 보겠다'는 것은 사실상 예를 갖추어 거절했다고 봐야한다.

즉 당신의 원고는 '우리 출판사와 기획 방향이 맞지 않으니 출판을 할 수가 없습니다' 또는 더 솔직히 이야기하면 '시장성이 약해 보여 판매가 어려워 보이니 계약할 수 없다'라는 뜻이다. 하지만 초보 작가들은 '내 원고를 긍정적으로 검토하려는 구나' 하고 김칫국을 마시며 애타게 기다리곤 한다. 사실 고백하자면 나도 그랬다.

어차피 1승만 하면 된다

투고하는 작가라면 출판사들의 거절 메일에 익숙해져야 한다. 물론 첫술에 배부를 수 없듯이 초보 작가들에게 무명의 서러움은 그렇게 찾아온다. 세계 최고의 원고도 계약이 안 될 수도 있다. 출판사의 '기획 방향과 맞지 않는다'는 메일을 받아도 절대 슬퍼하지 말라.

『바보들의 결탁』을 지은 존 케네티 툴은 연이은 출판사의 거절과 개인사 때문에 실망해 32살의 젊은 나이에 자살을 했다. 많은 사람을 안타깝게 만든 그의 작품은 어머니가 사후 11년 뒤 다시 투고해 책으로 나왔고, 결국 퓰리처상을 수상하는 영예를 얻었다. 이렇듯 완벽한 책도 투고 시 거절 받을 수 있다. 한강의 『채식주의자』도 출간 후 10년 뒤에서야 그 작품성을 인정받아 세계적인 권위의 맨부커상을 받았다.

41개 언어 170개 제목으로 출간되어 세계적인 베스트셀러가 된 책이 있다. 작가 마크 빅터 한센과 잭 캔필드가 함께 집필한 『영혼을 위한 닭고기 수프』도 350곳의 출판사로부터 거절당했다.

사실 예비 작가에게 여러 출판사가 필요하지 않다. 내 원고의 가치를 알아줄 출판사 한 곳이면 충분하다. 우리는 투고가 거절됐다고 해서 쉽게 낙담하거나 좌절할 필요가 없다. 무엇이 근본적인 문제인지를 파악해야 한다. 수정 후 이메일을 추가로 확보해서 다시 투고를 진행하면 된다. 출판사의 거절에 감정적으로 대응하는 작가들이 간혹 있는데 그럴 필요는 없다. 또 언제 어디서 만날지 아무도 모르기 때문이다.

대신 거절 메일에 다음과 같이 일일이 답장을 보내자. '바쁜 일정에도 불구하고 검토해 주시고 답 메일 주신 점 깊이 감사드립니다', '다음 기회에는 꼭 좋은 인연으로 만났으면 좋겠습니다'하고 말이다. 나도 그렇게 메일을 보내고 나니 기분이 한결 가벼워졌다. 거절당했다고 일방적인 구애로 끝내지 말고 아직 인연의 끈을 남겨놓았다는 기분이 들었다. 간혹 나의 감사 메일에 고맙다고 한 번 더 메일을 보내는 출판 관계자도 있었다.

물론 사람이기에 섭섭한 감정이 앞설 수 있다. 하지만 조금만 더 합리적으로 생각해 보자. 오히려 거절을 이겨내고 내 콘텐츠를 더 단단하게 만들 좋은 기회를 얻었다고 생각하자. 확실한 사실은 거절 메일에 대한 내성과 굳은살이 생기면 그때 비로소 나는 프로가 된다. 진짜 작가로 거듭난다.

생각해보면 어차피 1승만 하면 된다. 10군데, 100군데 출판사에서 러브콜이 와도 한 곳만 계약할 수밖에 없다. 짚신도

제 짝이 있듯이 내가 온 정성을 쏟아 만든 책이라면 결이 맞는 '짝꿍 출판사'는 반드시 하늘 아래 어딘가에 있을 것이다.

출판 계약이 잘 되었다고 흥분하지도 잘 안되었다고 상처받지도 말자. 내가 할 수 있는 일은 오직 좋은 내용의 책을 쓰면 된다. 독자를 위해 진심을 담자. 최선을 다하자. 다른 사람의 마음에 감화를 주는 보석 같은 글을 쓰기 위해 담대하게 나아가자.

출판사 선택 기준은
인세보다 쌍방향 정성이 먼저

계약도 비즈니스, 냉철하게 판단하기

출판사의 계약 제안을 받았다면 진심으로 축하한다. 드디어 꿈에 그리던 작가가 될 것이다. 그동안 고생이 헛되지 않았으니 뿌듯할 것이다. 이제 계약할 일이 남았다. 특히 두 군데 이상 출판사에게 러브콜을 받았다면 행복한 고민에 빠질 것이다.

출판사에서 연락이 오면 출판사에 찾아가 미팅을 하면 좋다. 기본적으로 출판업을 하는 사람은 바쁘기도 하거니와 내가 같이 일할 곳이므로 방문을 해서 출판사 규모나 전체 분위기를 파악하면 좋다. 또한 출판사 관계자와 미팅을 통해 출판 업계 돌아가는 이야기를 들어보는 좋은 기회다. 서교동, 망원동 주변에 출판사가 많이 있다. 특히 파주에 출판사가 많이 있어 서울과 가장 가까운 합정역에서 출판사 담당자를 만나면서로 편하다.

몇몇 출판사에서 계약하자는 회신이 온다고 바로 계약하지 말고 1주일을 더 기다려 보라. 내가 원하는 조건에 맞는 출판사가 나타날 수 있기 때문이다. 최종 2주간 기다린다고 생각하면 좋다. 2주 정도 되면 대형 출판사까지 모든 출판사의 내부검토 및 회신이 끝나기 때문이다. 투고일 기준으로 최대 2주 뒤에는 최종 전화를 걸어 계약을 하면 된다. 2주를 넘겨버리면 기다리고 있는 상대방에 대한 예의가 아니다.

그전에는 출판사와 미팅 시 고민하고 다시 연락드리겠다고 시간을 좀 달라고 정중하게 전달하면 된다. 출판사 관계자들도 자신들 외에도 다른 출판사에서 연락이 왔을 거라 예상하고 있어 숨기지 말고 솔직하게 얘기하는 편이 차라리 좋다. 더불어 계약 전에 고민되는 부분이 있을 때는 허심탄회하게 얘기하면 출판사에서 어느 정도 이해를 해주기도 한다. 출판사 담당자들이 더 베테랑이기에 예비 작가가 얕은 수를 쓴다고 하면 처음부터 신뢰감을 떨어뜨릴 수 있다. 그전에 정말 맘에

드는 출판사가 연락이 온다면 1주일 이내에 계약해도 무방하다.

계약했다면 계약하지 않은 다른 출판사에도 문자로 '이번에는 인연이 되지 못해 아주 아쉽지만 다음에 다시 소중한 인연이 되기를 기대합니다' 정도로 감사 문자를 보내는 에티켓을 잊지 말자. 나도 그렇게 미안한 문자를 보냈다. '베스트셀러를 기원한다', '책이 나오면 꼭 사보겠다' 등 진심을 담은 훈훈한 답 문자를 받기도 했다.

그럼 어떤 출판사가 좋은지 알아보자.

규모가 큰 대형 출판사를 선호하는 편

일반적으로 취업준비생들도 중소기업보다 대기업, 정부기관을 선호한다. 그 이유는 안정된 느낌을 주고 직원 복지가 잘 되어있다고 생각하기 때문이다. 출판사도 이와 비슷하다. 이왕이면 다홍치마라고 중소 출판사보다 대형 출판사가 기획력, 편집력, 마케팅 등 여러 가지로 우수한 편이라는 사실은 어느 누구도 부정하지 못한다.

대형 출판사가 홍보가 잘 되는 이유는 기본적으로 온·오프라인 서점 등에 높은 마케팅 역량을 갖추고 있기 때문이다. 독자들이 무심히 지나치는 서점의 독립 매대나 온라인 서점 배너광고는 대형 출판사들이 엄청난 광고비를 쓰며 주로 연간 계약을 통해 독자들에게 노출하고 있다. 책은 많은 시간을 들여 읽어봐야 책의 진가를 알 수 있다. 그러므로 출판시장 자체가 스타 작가가 아닌 바에는 마케팅에 영향을 받을 수밖에 없다. 특히 책 시장에도 '20:80 법칙'(상위 20퍼센트 책들이 전체 매출의 80퍼센트를 차지한다) 처럼 승자독식의 구조가 명확한 냉정한 시장이기 때문이다.

결론적으로 규모가 큰 출판사일수록 SNS 팔로우를 많이 확보하고 있고, 베스트셀러를 만들어내는 잠재력을 가지고 있다고 볼 수 있다. 단, 유명 작가에 집중하는 경향이 있어 초보 작가에게는 홍보가 다소 소홀할 수도 있고, 다른 출판 일정이 많은 경우 내 책 출판에 1년 이상 소요될 수 있다는 리스크가 있다.

초보 작가를 존중해주는 출판사

출판사 대표, 편집자가 '저자와 원고를 바라보는 눈이 얼마나 반짝이는가'가 중요하다. 계약 후 최소 3개월 이상 함께 편집, 홍보 작업을 해야 하므로 무엇보다 나와 코드가 맞아야 한다. 초보 작가를 진심으로 존중해주고, 원고를 아껴주고, 성공에 대한 확신을 가지고 있는 출판사라면 금상첨화다.

계약의 첫 조건, 인세 알아보기

출판사 선택에 어느 정도 윤곽이 드러났다면 인세, 출간 시기, 수정 범위 등 세부 계약조건을 알아보자. 계약은 돈이 오가는 철저한 비즈니스다. 인간관계가 절대 아니다. 잘못된 계약으로 인해 곤란을 겪을 수도 있다. 오랜 기간 집필의 고통을 감내하며 쓴 원고이기에 계약에 신중에 신중을 기해야 한다. 자신이 출판 계약 초보자라고 너무 걱정하지는 말자. 대부분의 출판사가 출판 계약 관련 표준약관을 사용하고 있기에 큰 몇 가지만 잘 챙기면 된다.

먼저 인세다. 인세는 기본적으로 초보 작가에게 6~8퍼센트를 준다. 유명 작가의 경우 지명도가 있기에 10퍼센트 이상 주기도 한다. 출간 경험이 있는 작가의 경우 10퍼센트까지 받기도 한다. 계약금(선입금)은 보통 50~100만 원을 준다. 계약서 내용을 이메일로 먼저 받아 검토하고, 궁금한 점은 사인 전에 미리 확인하면 좋다.

과거에는 초판을 3,000부를 찍었다면 최근에는 2,000부를 많이 찍는다. 판매가 걱정되는 경우 최근에는 일단 초판 1,000부만 찍는 출판사도 많다. 통상 200부 정도는 광고 및 증정본으로 찍는다. 따라서 2,000부 - 200 = 1,800부에 대한 인세만 받게 된다. 또한 저자도 책을 출간하게 되면 주위에 선물을 해야 하는 경우들이 있으니 증정본으로 20부 정도 무료로 받게 된다. 그럼 실제로 받게 되는 인세를 계산해 보자.

〈인세 계산 예〉

초판 부수(1,800부) × 도서 정가(15,000원 가정) × 인세(초보 작가의 경우 보통 8퍼센트)

1,800부 × 15,000 × 0.08 = 216만 원이 된다.

계약금을 50만 원 받았다면 책이 출간 후 그 차액분인 166만 원을 받게 된다.

책을 내면 인세가 많을 거라 예상하지만 막상 계산해보니 생각보다 많지 않다. 그래서 인세보다는 자신의 브랜드 가치를 높이고 추후 강연, 기고 등 인생 2모작을 위한 디딤돌이라고 생각하는 편이 마음 편하다. 이 부분에 대해서도 얼마든지 출판사와 서로 협의를 통해 조정이 가능하다. 작가의 경우 주변 지인용 책 구매 시 정가의 70퍼센트 가격으로 구매가 가능하다. 도서 판매 가격은 출판사에서 시장 상황을 보며 정하게 된다.

적정한 출간 시기와 수정 범위

두 번째는 출간 시기다. 평균 3개월 이내로 출간해줄 수 있다면 좋다. 너무 지연되면 책 콘텐츠의 신선함이 떨어지기에 이왕이면 빠를수록 좋다. 계약 시 몇 달 내 책을 출판하는 걸로 특별 약관으로 넣는 경우도 있으나, 출판사에서 부담을 가질 수 있다. 6개월~1년 이상 시간이 걸려 출간되는 경우 중간에 사정이 생겨 책이 못 나오는 경우도 종종 있다. 그렇게 되면 작가 입장에서는 여러모로 낭패가 아닐 수 없다.

세 번째는 수정 범위다. 출판사에서 지나치게 많은 편집을 요구하면 작가로서는 당황스럽다. 그러므로 전체 원고의 10 퍼센트 내외로 책의 콘셉트가 흔들리지 않는 방향에서 편집 작업이 이루어지는 편이 좋다. 너무 많은 분량을 들어내면 작가 입장에서는 많은 글을 다시 써야 한다는 엄청난 부담감이 밀려올 수 있다.

또한 깔끔한 편집력으로 내 책을 세련되게 만들어주는 출판사, 책을 많이 팔아주는 출판사, 인세를 제때 잘 입금해 주는 출판사라면 초보 작가의 마음고생을 덜어줄 것이다. 그리고 내 첫 번째 책이 나오게 된다면 출판사에 특별한 고마움을 전하자. 나도 사실 첫 계약 때 인세를 안 받아도 좋다고 생각할 정도로 감개무량했다. 내 책이 이 세상에 나올 수 있다는 사실만으로도 하늘을 나는 기분이었다. 무엇보다 첫 번째 책을 낸 작가의 경우 두 번째 투고하면 답변 회신율이 높아진다고 한다. 출판사 입장에서도 완전 초보보다는 책을 내본 유경험자와 함께 작업하고 싶어 하는 경우가 많다.

그러므로 너무 인세에 집착하지 말자. 대신 출판사에서 계약서를 기준으로 제때 인세를 정확히 주는지 확인해 볼 필요는 있다. 그리고 책을 낼 때마다 출판사가 바뀌는 경우는 저자에게 문제가 있다고 생각할 수 있다. 물론 집필 분야가 달라진 경우도 있다. 하지만 무엇보다 내실 있는 출판사로 옮겨 가는 것도 본인의 능력이다. 무엇보다 출판을 거듭할수록 나와 잘 맞는 친정집 같은 출판사 또는 편집자를 만나 꾸준하게 책을 내고 함께 성장한다면 이보다 아름다운 모습은 없을 것이다.

출판사 선정 시 최소한의 상식

1. 출판사에서 전화나 이메일로 연락이 온다면 일단 기획 출판이 아닌 자비나 반 자비 출판사인지 확인하자. 몇 권을 사 줄 수 있는지를 묻거나 책 출판비는 저자가 내고 마케팅을 출판사에서 한다고 하는 등 자비나 반 자비 출판의 느낌이 나면 일단 제외하는 편이 좋다.

2. 출판사에서 내 원고에 관심이 있다고 연락이 오면 미팅 약속을 한다.

• 되도록 출판사를 방문해 출판사 분위기(직원이 몇 명인지 등)를 확인해 보면 좋다.

• 출판사 대표나 편집자의 눈빛을 보자. 내 원고를 얼마나 많이 이해하고 있는지 애정을 가졌는지 반드시 확인 하자. 인세를 8퍼센트 이상 주거나, 초판을 2천 부 이상 찍거나, 출간 시기가 3개월 내외면 좋다.

3. 온라인 서점에 들어가서 출판사 이름을 검색한다.

• 출판사 이름 클릭-국내 도서 클릭-출간일순 클릭

• 최근 출간된 서적들이 얼마나 많은지와 판매 포인트들이 평균적으로 얼마인지 확인한다. 최근에 출간된 서적이 많다는 것은 출판 프로세스가 정상적으로 작동하고 있다. 온·오프라인 서점과의 네트워크는 물론 홍보 생태계(유통채널, 마케팅 등)가 잘 구축되어 있다는 뜻이다.

4. 인터넷 서점의 판매 포인트가 얼마인지 확인한다. 중박 기준인 알라딘 3천 포인트, YES24, 인터파크는 5천 포인트 이상 책을 많이 보유한 출판사가 좋다.

• 대박이나 쪽박이 많아 편차가 심한 출판사보다 중박 이상이 많은 출판사가 내실이 있다. 왜냐하면 최소한 내 책도 중박 이상 판매될 확률이 높기 때문이다.

5. 인터넷 서점들의 리뷰가 얼마나 달려 있는지 확인한다. 출판사 서평 이벤트 등을 통해 홍보를 많이 해야 책 판매가 올라간다.

6. 출판사의 온라인 마케팅 채널과 영향력을 확인한다. 요즘은 SNS 마케팅이 대세다. 과거에 통했던 신문광고 등 기존 미디어는 비용 대비 효과가 작다. 출판사가 운영하는 블로그, 페이스북 등을 확인 후 팔로워 숫자, 콘텐츠 포스팅 주기, 포

스팅 콘텐츠의 질, 조회 수 등을 통해 출판사의 온라인 내공을 확인하자.

• 특히 네이버 메인에 종종 포스팅되는 블로그를 운영하는 출판사인지 꼭 확인해보자. 아직은 책 판매에 네이버가 지대한 영향을 미친다. 네이버에 포스팅된다면 수천, 수만 명이 조회하게 되어 자연스레 책 판매로 이어질 확률이 높다.

7. 최종 계약은 투고 후 최소 1주일, 최대 2주일을 기다린다. 중소형 출판사는 1~2일 사이에 피드백이 오고, 1주일 내 계약 체결까지 얼마든지 가능하다. 대형 출판사의 경우 원고에 관심이 있다면 1~2주일 내에 피드백이 온다.

[종합] 출판사 선정 우선순위 및 배점(100퍼센트 비율 기준)

1) 최근 1년간 출간한 책들의 평균 판매 지수가 높은지? 중박 이상이 많은지? (30퍼센트)

2) 출판사 대표님과 편집자가 내 원고에 대한 이해도와 열정이 높은지? (20퍼센트)

3) SNS 생태계 활성화 여부(포스팅 횟수/주기/네이버 노출 경험, 팔로워/조회/리뷰가 많은지?) (20퍼센트)

4) 최근 1년간 출간한 책 숫자가 많고 월 한 권 이상 꾸준히 책을 내는 지? (10퍼센트)

5) 본문 수정요청이 많은지? (5퍼센트)

- 변경이 너무 많으면 책을 거의 다시 써야 하는 고통이 온다.

6) 출간 시기가 6개월 내외인지 (5퍼센트)

- 단, 대형 출판사의 경우 1년~2년 내외인 경우가 많다.

7) 인세를 8퍼센트를 주는지? 초판 2천 부 이상 찍는지? 전자책 발간계획이 있는지? (5퍼센트)

8) 출판사 규모(직원 수 등) 및 안정성 (5퍼센트)

- 단, 규모가 작더라도 베스트셀러가 되는 데 문제는 없다.

출판사와 저자는
한배를 탄 운명공동체

하나의 원고가 100명의 편집자를 만나면
100권의 다른 책이 나온다

고된 작업이 모두 마무리되었다. 계약도 잘 되었고 최종 원
고도 출판사에 넘겼다. 이제 남은 일은 재충전을 하며 여유 있
게 책 출간을 기다리면 될까?

아니다. 나도 몰랐던 2부가 기다리고 있었다. 출판사와 편
집자 사이 2개월의 편집 작업이 남아 있었다. 만약 작가가 큰
회사의 사장이나 유명작가라면 몰라도 이제부터 편집자가 당

신의 원고 편집에 칼자루를 쥐게 될 것이다. 편집자 경력과 수준에 따라 편집 속도와 원고의 질이 천차만별이다. 오랜 기간 수많은 작가와 작업을 한 출판업계의 베테랑을 만난다면 금상첨화다.

편집자는 날카로운 시선을 가지고 있다. 저자가 모르는 출판 시장의 흐름이나, 독자의 요구를 정확히 간파하고 있다. 그렇다고 편집자에게 모든 것을 일임하면 안 된다. 편집자들은 많은 장르의 원고 작업을 했지만 '이 책의 주인공은 나'이기 때문이다. 원고의 콘셉트나 전체 방향이 흔들리지 않게 꼼꼼하게 챙겨야 한다. 출판계에 회자하는 유명한 말이 있다.

'하나의 원고가 100명의 편집자를 만나면 100권의 다른 책이 나온다'

편집자들의 자존심을 올리기 위함이 아니라 실제 그렇다. 어떤 편집자를 만나느냐에 따라 책의 방향도 달라지기 때문이다. 편집자는 책을 받고 난 후 여러 번 반복적으로 읽으며 원고를 어떻게 고쳐야 잘 팔릴지 많은 생각을 한다. 이 책이 어떤 내용이 더 강조되어야 하는지, 부족한 부분은 무엇인지, 어느 부분이 오류인지 원고에 수정요구가 표시되어 돌아온다.

"이 부분이 콘셉트가 명확하지 않아 부분 수정함"

"이 부분에서 의미가 모호해서 삭제함"

"존칭 사용법이 틀려 모두 수정함"

"논리 구조상 목차 순서를 변경함"

"이 부분은 내용이 반복되어 통째로 들어냄"

"분량이 부족하니 이 부분 추가 작성 요망"

이렇게 고생해서 만든 원고에 쓴소리가 가득해서 돌아온다. 한편으로는 속상하기도 하지만 이해하자. 수정 보완할 부분이 많다면 그만큼 편집자가 내 원고를 꼼꼼하고 상세하게 검토했다는 뜻이다. 그리고 전문가의 손길이 닿으면 닿을수록 내 책은 더욱 완성도가 높아지기 마련이다. 그런 의미에서 편집자를 사전에 한번은 만나서 얼굴 보며 이야기하면 좋다. 편집 과정에 얼굴을 붉힐 수도 있기에 인사를 나눈다면 서로 작업하기 훨씬 편하기 때문이다.

편집자의 편집 책임과 권한을 존중해주기

'저자가 배에 올라타면 배가 산으로 간다'는 말이 있다. 저자의 입장에서는 내 원고를 내가 책임진다고 생각해 밤낮을 가리지 않고 메일로, 문자로, 전화로 상호 소통이라는 명목으로 편집자를 괴롭히는 경우가 종종 있다. 편집자에게도 이 원고에 대한 편집 책임과 권한이 있다. 저자가 편집자에게 쉴 새 없이 무리한 요구를 하고, 작가와 출판사가 부딪히는 게 많으면 서로에게 고달파지고 결국은 편집자가 원고에 대한 애정이 식을 수도 있다.

편집자를 이것저것 통제하고 지적하기보다는 작업 과정 자체에 상호 자율성을 부여하면 관계도 오래가고 작업 속도도 빨라질 수 있다. 간혹 교정, 교열, 디자인할 때 작가가 지나치게 관여해 '폰트 크기가 맘에 안 든다. 추가 이미지 만들어라. 색깔을 모두 바꿔라' 등 지나친 요구는 삼가야 한다.

특히 다른 출판사와 비교하는 발언은 금물이다. 편집자도 비교할 수 있는 저자가 수십 명에 달한다. 비교하듯 얘기하는 건 사람에 대한 예의가 아니기 때문에 특별히 조심해야 한다.

편집자가 어떻게 보면 나의 실질적인 첫 번째 독자나 마찬가지다. 편집자부터 설득시키지 못하면 일반 독자를 당연히 설득할 수 없다. 수정 요청이 오면 최대한 빨리 작업을 해서 즐거운 마음으로 회신을 보내자. 그렇게 창과 방패 같은 아름답고 날카로운 전쟁은 두 달 정도 지속한다. 편집자도 본업이 그런 것이니 싫은 소리 한다고 너무 나쁘게 생각하지 말자. 편집자는 양서를 만들기 위해 조직된 TF 팀원이자 '나와 한배를 탄 운명 공동체'이기 때문이다. 또한 시간이 지나면 책의 표지와 내부 디자인 관련해서 샘플 시안이 메일로 온다. 작가로서 소신껏 의견을 내면 된다. 하지만 표지나 내지 디자인 관련해서는 최종적으로 출판사의 전문성을 신뢰하는 게 좋다.

모든 수정 작업이 마무리되었다면 편집자는 컬러로 인쇄된 PDF 파일을 작가에게 보낸다. 즐거운 마음으로 빨간 펜을 들고 오타나 어색한 문장들을 찾아내자. 내가 오타를 못 잡으면 치명적인 오점을 남겨 출판될 수 있다는 비장한 각오로 확인하자. 개인적으로는 인쇄해서 종이로 보는 편이 훨씬 확인하기 수월하다. 컴퓨터 화면으로 확인했을 때 보지 못했던 오탈자들을 더 잘 찾을 수 있기 때문이다. 이렇게 '빨간 펜의 향연'까지 마무리되면 어느 날 출판사로부터 초판 증정본 책이 택배로 온다. 책을 집어 드는 순간 눈물이 '핑' 돌 만큼 감격스러울 것이다.

출판사와는 베스트셀러를 만들기 위한 동지다. 내 원고에 가능성을 보고 2~3천만 원을 선뜻 투자한 고마운 투자자이기도 하다. 상호 존중하고 배려하는 자세가 무엇보다 중요하다. 출판사에 디자인, 제목, 편집 관련 자율성을 인정하되 이 책의

진짜 주인인 내가 원고의 완성도를 높이기 위해 함께 뛰어야
한다는 사실을 잊지 말자.

'나도 또 한 명의 편집자이자 최후의 보루다!'

책 쓰기는 어디에서 배워야 좋을까

책을 쓰겠다고 결심한 후 어떤 책을 참고해야 하는지, 도움이 되는 영상은 있는지, 요즘 책 쓰는 법을 가르쳐 주는 학원이 있다는데 등록해야 하는지, 아니면 독학으로 가능한지 고민스럽다. 결론부터 말하면 상대적이다. 개인마다 살아온 경험과 처한 상황에 따라 다르기 때문에 누구도 단언할 수 없다. 다만 내 의견은 다음과 같다.

1단계 : 기본 코스 찾아보기

1. 책 쓰기 관련 서적을 평균 10~20권을 구매한다.
• 교보문고 등 큰 서점이나 중고 서점에서 시장조사를 한 후 도움이 될 만한 책을 산다. 이왕이면 시장의 반응을 알아야 하기에 최신 책 중에 많이 팔린 책 위주로 산다.
2. 책 쓰기 관련 유튜브 영상을 본다. 유튜브에 책 쓰기 라고 검색어를 치면 영상이 많다.
• 책 쓰기 시리즈로 제작된 콘텐츠를 집중해서 본다.
3. 학원을 갈지 독학을 할지 판단한다. 결정이 빠를수록 좋다.

4. 학원을 간다면 검색을 통해 자신과 맞는 곳에 특강을 신청한다.

- 여기서 학원을 간다는 의미는 정규과정 등록이 아니라 일일 특강을 의미한다. 일일 특강을 먼저 들어보자. 그 후 관심이 더 생기면 1:1 코칭을 받으면 된다. 정규 등록은 돈이 많이 들기에 등록 여부는 1:1 코칭까지 해 보고 결정해도 된다.

책 쓰기 관련 서적을 보다 보면 책 쓰기 학원을 운영하는 코치가 쓴 책의 경우 학원을 등록하는 편이 유리하다고 한다. 반면 학원을 운영하는 코치가 아닌 일반 작가는 중립적이거나 독학을 권하기도 한다. 이런 점을 꼭 숙지한 상태에서 저자의 주장에 흔들리지 말고 내가 먼저 중심을 잡고 읽어야 한다.

만약 집 주변 도서관이나 문화센터에서 책 쓰기 특강이 있는지 찾아보고 있다면 들어보자. 어떤 작가는 서울 정독도서관에서 몇 주차 과정이 있어 매주 지방에서 올라와 듣고 책을 내기도 했다. 아무래도 경제적으로 부담이 적다. 시중에 있는 책 쓰기 학원은 보통 2~3개월 과정에 600만 원에서 1,200만 원 정도 하고 있다.

2단계 : 그동안 내가 걸어온 길을 되돌아보기

다음은 독학과 학원 등록을 해야 하는 경우를 구분해 보았다. 절대적인 기준은 아니고 개인적인 생각이므로 참고하면 된다.

1. 독학

- 평소 기본적으로 한 달에 한 권 이상 책을 읽는다.
- 주변으로부터 평소 자기계발을 잘한다는 말을 듣는다.
- 출판 관련 업무를 하면서 기획, 편집 한 경험이 있다.
- 그동안 회사 기획서 쓰는 업무를 해 본 경험이 5년 이상 된다.
- 매일 한 개 이상 신문을 꾸준히 정독한다.
- HRD 등 교육 관련 업무를 한다.
- 홍보 부서에서 보도자료 작성이나 월간지, 뉴스레터 등을 제작해 본 경험이 있다.
- TED, 세바시 등 인사이트 함양을 위해 자기계발 영상을 즐겨 본다.
- 나름대로 책 쓰기를 위해 관련 분야 기초 조사한 자료집을 가지고 있다.
- 600~1,200만 원 정도의 학원비가 부담된다.

2. 학원 등록

- 책을 쓰는 열정은 있지만, 평소 의지가 약해 누군가 나를 끌어주었으면 좋겠다.
- 평소 기획서를 쓰거나 본 경험이 거의 없다.
- 평소 독서 등 자기계발을 하지 못한다.
- '시간이 돈이다'라는 생각으로 학원 등록도 투자로 본다.
- 600~1,200만 원 정도의 학원비가 부담이 없다.

그럼 책 쓰기 코칭 학원에 대해 좀 더 자세히 알아보자. 몇 해 전부터 책 쓰기 코칭 시장이 뜨면서 출판사에는 비슷한 원고들이 매일 몇 개에서 몇십개 까지 쏟아져 들어오고 있다고 한다. 편집자에게는 메일을 열어보는 게 일과 중 하나가 되었다고 한다.

책 쓰기 학원에서 운영하는 과정은 다음과 같다. 물론 기관마다 다소 차이가 있다.

① 책 쓰기 일일 특강

책 쓰기에 관심 있는 예비 작가를 대상으로 2~3시간 내외로 이루어진다. 등록비는 3만 원~10만 원 내외다. 특강 시간이 길면 15만 원 내외까지 올라가기도 한다. 특강을 듣고 책 쓰기에 추가로 관심 있는 사람만 1:1 코칭 신청을 받는다. 바로 정규과정을 등록하는 사람도 간혹 있다.

② 1:1 코칭

코치와 예비 작가 사이에 1시간 내외 집중 면담이 진행된다. 비용은 10만 원 내외다. 이때 준비물은 예비 작가의 그간 특별한 경험, 꿈, 경력, 특별한 성공 여부, 향후 하고 싶은 일, 본인이 생각하는 예비 주제 후보군 등을 미리 문자나 이메일로 받아서 면담 시 기초자료로 활용한다. 상담을 거친 후 정규과정을 등록할지 결정한다.

③ 정규 과정

등록비는 학원마다 다르다. 보통 600만 원에서 1,200만 원이다. 수업은 주 1회 2~3시간 정도 지정된 요일, 시간에 그룹 스터디(5~10명) 형식으로 운영된다. 2~3개월간 진행되며, 코치의 특강이 수시로 있으며 1:1 상담제 형식으로 진행된다.

책 쓰기 학원의 경우 100퍼센트 출간할 수 있다고 말하는 데 이 점을 유심히 살펴볼 필요가 있다. 100명이 등록해서 100명이 출간에 성공한다는 뜻이 아니다. 2~3개월간 장기 레이스에 살아남아 최종 원고 투고를 한 사람 중에 출판 계약을 맺은 사람을 기준으로 이야기한다. 그리고 책 쓰기 학원은 주제 선정, 목차를 세울 때 큰 방향성을 잡아 준다. 그리고 글에 대해 가능성 유무를 점검하며 계속 피드백을 준다. 투고 시 출판사 이메일 리스트를 제공한다. 또한 계약 시 어떤 출판사가 좋은지 의견을 준다. 결국 가장 힘든 자료 수집과 본문 집필은 순수하게 저자의 몫이다. 아무리 똑똑한 과외 선생님이 가르친다고 해서 모든 학생이 명문대를 갈 수 없다. 유명한 책 쓰기 학원에 등록해 코치를 받는다고 해도 결국 '링 위에서 고독하게 싸워야 할 사람은 자기 자신' 뿐이다.

그리고 유명한 책 쓰기 학원 중에는 자신이나 지인이 출판사를 운영하는 경우도 있다. 수강생 중에 기획 출판의 선택을 받지 못한 경우 자비 출판이나 반자비 출판 형태로 책이 나오기도 한다. 당연히 자비나 반 자비 형태의 출판을 할 경우 학원비와 별도로 추가 비용이 들 수 있다. 경력을 쌓기 위한 사람 또는 기획출판을 하지 못한 사람들을 모아

공동저자로 출판을 하기도 한다. 예비 작가인 내 현재 재정 상태를 고려했을 때 책 쓰기 학원의 만만치 않은 비용을 생각해서라도 전체 과정을 이해하고 모든 경우의 수를 두고 신중히 선택해야 한다. 대신 어느 것을 선택하든 3개월 이내에 끝낸다는 비장한 각오가 필요하다.

결국 책 쓰기 학원을 등록하든, 독학으로 책을 쓰던지 가장 중요한 점은 모든 과정에 내가 중심이 되어야 한다.

홍보_
출간 후 골든타임

7장

세상을 향해
출사표 던지기

흥행은 출간 후
한 달 안에 결정 난다

최대한 빨리 2쇄를 찍는다면 절반은 성공

책이 출간되고 나면 행복한 상상을 한다. 베스트셀러가 돼
방송에도 출연하고 여기저기 인터뷰 요청이 쇄도하는 모습,
또는 수많은 독자가 내 책을 들고 저자 사인을 요청해 온다.
생각만 해도 흐뭇하다. 하지만 현실은 냉정하다. 내가 SNS상
에서 영향력을 가진 인플루언서가 아닌 이상 이런 일은 쉽게
일어나지 않는다.

책 앞쪽이나 뒤쪽에 판형을 보면 '초판 1쇄'라는 문구를 볼

수 있다. 판매의 기준이 되는 '판'이나 '쇄'다. 처음 책이 출판되면 '초판'이 된다. 후에 내용이 바뀌면 '개정판'이 된다. 내용 변경 없이 출판되는 부수를 '쇄'라고 한다. 보통 1,000부 기준 1쇄, 2쇄, 3쇄로 늘어난다. 몇 쇄인지 숫자가 높을수록 많이 판매되었다는 의미다. 책이 나오고 얼마나 빨리 2쇄, 3쇄를 찍느냐가 성공의 기준이 된다.

초보 작가의 경우, 책이 나오면 알아서 잘 팔릴 거라 생각한다. 하지만 평소 인맥을 총동원해도 1,000부를 판매하기는 어렵다. 그러므로 2쇄부터는 자체 콘텐츠, 출판사 마케팅, 독자들의 구전 효과, 언론 이슈화 등에 따라 판매량이 바뀐다. 쉬운 예를 들면 tvN '알쓸신잡' 프로를 통해 텔레비전에 처음 나왔던 분들이 인지도를 얻어 책이 대박이 났다. 유명 방송인이 읽고 있는 책이 노출되어 화제가 되기도 한다. 이처럼 방송 출연이나 인플루언서의 영향을 받든지 운이 받쳐주지 않으면 대박 나기는 쉽지 않다.

책이 출간되면 출판사 영업 담당자는 각 서점 본사에 가서 담당 MD를 만난다. 보도 자료와 실물 책을 보여주며 홍보한다. 책이 담고 있는 메시지, 작가 소개, 이 시대가 원하는 책이며 독자의 관심을 끌 수밖에 없는 이유, 홍보 가능 여부 등을 소개하며 짧은 미팅을 한다. 반면 온라인 서점은 별도 광고비를 내지 않으면 딱히 홍보할 방법이 없다.

일반적으로 서점의 신간 매대에서 어느 정도 판매가 호조를 보이면 주목할 만한 책 혹은 분야별 베스트셀러 매대로 간다. 이 매대에서 꾸준히 판매를 유지하면 스테디셀러 매대로 옮겨진다. 그러나 신간 매대에 있는 기간 동안 판매가 되지 않으면 바로 책이 매대에서 빠지고 서가로 꽂힌다. 신간은 매일 계속 쏟아져 나오기 때문에 무료로 홍보할 수 있는 자리는 점점 줄어든다. 상황이 이렇다 보니 출판사 관계자들 사이에서 업무 중 '책 만드는 일이 가장 쉽다'는 우스갯소리를 주고받는 것도 어느 정도 이해가 간다.

다시 말하면 내 책이 나오면 서점의 넓은 공간 중에 평균 단행본 크기로 가로 152mm, 세로 225mm 좁은 매대 공간만이 할당된다. 그것도 길어봐야 2주다. 판매가 신통치 않으면 신간 매대에서 바로 서가에 꽂힌다. 공간은 가로 20mm, 세로 225mm 정도로 더 줄어든다. 20mm, 그러니까 2cm다. 이것이 출판계의 냉정한 현실이다.

한 달 내에 흥행 기미가 보일 때 본격 마케팅 시작

초보 작가는 서점을 갔다가 자신의 책이 없으면 출판사에 '내 책이 왜 신간 매대에 없냐'고 묻는다. 온라인 서점에 왜 '자신의 책은 배너광고를 안 해주느냐'고 묻는다. 다른 책처럼 이벤트 증정품은 안 붙이느냐고 항의하기도 한다. 또한 출간기념회나 강연회는 언제 열어주느냐고 묻는다. 모든 것은 '돈'이라는 사실을 모르고 하는 말이다. 사실 나도 출판업의 구조를 잘 몰라 홍보를 양껏 안 해주는 거 같아 출판사에 섭섭한 마음을 가지곤 했다. 그 점에 대해서는 지금도 미안한 마음이다.

　책 출간 후 2주 내 독자 반응이 있으면 출판사에서도 마케팅에 집중하기 시작하지만, 4주가 되어도 이런저런 판매에 미동도 없다면 부정적인 신호다.

　홍보도 중요하지만 결국은 '책 내용이 좋아야 한다'라고 출판 관계자들은 입을 모아서 말한다. 물론 작가도 어느 정도 인지도 있으면 좋다. 출판사에서 책을 띄우기 위해 홍보를 하는데 책이 어느 정도 나가면 '책 자체에 자생력'이 생긴다. 즉 다양한 채널에서 리뷰가 포스팅되고 언론에서 '화제의 도서'니, 독자들의 마음을 끌고 있다거나, 몇만 부가 판매되었다고 하면 책을 잃지 않던 대중들도 자연스럽게 관심을 가지게 된다.

　그것만으로 별도의 홍보비 없이 자동으로 광고가 되는 셈이다. 그러면 독자들은 마음이 급해진다. 나 혼자 뒤떨어져 있는 건 아닌가 하는 생각을 하게 된다. 구매로 이어지고 그 순간 시대의 트렌드가 된다. 생각해보면 나도 이런 충동구매로 산 책 중에 끝까지 읽지 못한 책이 꽤 된다.

평소 책 광고가 나오는 신문이나 라디오 광고도 비용이 꽤 나간다. 출판사는 요즘 비용 대비 효과가 높지 않기 때문에 신문 광고는 최소화하고 서평 이벤트 등 SNS 홍보에 집중하는 편이다. 책 판권에 발행일이 나오는데 실제 출간일보다 좀 넉넉하게 잡는 경우도 있다고 한다. 심지어 한 달 후로 날짜를 인쇄하기도 한다. 이런 이유가 신간 코너에 좀 더 오래 있고 싶은 귀여운 꼼수라고 할 수 있다.

어쨌든 책이 출간되는 날이 다가오면 출판사와 함께 세심한 전략을 세워 책이 나왔다는 사실을 여기저기 적극적으로 알려야 한다. 가만히 있으면 아무도 알아주지 않는다. 출판하고 한 달이 흥행의 골든타임이다. 한 달이 지나면 서고에 꽂혀 시들해진 책의 인기를 다시 살리기에 한계가 있다. 출판사에서 지쳐 홍보에 좀 느슨해지더라도 저자는 스스로 책 흥행 프로젝트 TF 팀장이 되어 끊임없이 고민하고 뛰어다녀야 한다. 누가 뭐래도 너무나 소중한 '내 생애 첫 번째 책'이라는 사실을 잊지 말자.

책의 운명은 결국
저자 의지와 비례

작가 브랜딩이 필수인 시대

옛날에는 작가가 최종 원고만 넘기면 출판사가 홍보를 전적으로 담당하던 때가 있었다. 그 당시에는 신문에 기사가 나면 다음 날 몇천 부씩 출판사로 주문이 쏟아져 들어왔다고 한다. 베스트셀러에 이름을 올리기만 하면 하루 만에 엄청난 판매량을 보이기도 했는데 지금으로 치면 그야말로 '호랑이 담배피던 시절' 이야기다.

요즘은 한 서점에서 하루에 수십 권 정도만 팔려도 베스트셀러에 들어갈 정도로 책이 많이 팔리지 않는다. 예전에는 베스트셀러의 기준이 100만 부였다면, 요즘은 1만 부만 팔아도 대단하다는 말을 듣는다.

대형 출판사의 경우 마케팅 비용도 많고 유명 작가와 작업을 하는 경우가 많다. 서점에서도 그걸 알고 알아서 홍보해 주기도 한다. 하지만 인지도가 전무한 초보 작가를 키워서 수익을 내야 하는 중소형 출판사들은 치열하게 고군분투해야 한다. 그래서 차별화된 콘셉트와 콘텐츠를 강조하게 된다. 그리고 시대적으로 작가 스스로 개인 브랜딩을 해야 하는 시대이기도 하다.

또한 투고할 때 출간 기획서에 자신이 할 수 있는 마케팅 활동에 대해 솔직히 밝혀두면 좋다. 기획안에는 모든 걸 다 할 수 있을 듯 홍보 계획을 써놓고 실제 책이 나오면 뒤로 빼는 모습은 좋지 않다. 사람과 사람 사이에 신뢰의 문제다. 책이 나오면 출판사로부터 10~20권 내외의 증정본을 받게 된다. 가족, 친인척, 회사 동료, 친구나 지인에게 주다 보면 금방 재고가 바닥을 드러낸다. 결국 다음부터는 내 책을 사야 하니까 아까울 때도 있다. 하지만 작가인 본인이 책을 안 산다면 도대체 누가 책을 사겠는가? 책이 처음 나온 기념으로 지인들에게 내 책을 선물해도 좋다.

내 첫 번째 책을 통해 나를 브랜드로 만들려는 적극적인 자세가 필요하다. 출판사가 하는 보도자료 배포나 서평 이벤트와 별도로 작가가 직접 할 수 있는 홍보는 어떤 것이 있을까? 상세히 알아보자.

1. 지인 마케팅

아는 사람들에게 책을 보낸다. 여기서 보내는 대상은 책을 읽고 서평을 쓰거나 다른 사람에게 추천해 줄 수 있는 역량을 가진 사람이다. 친하다고 의리상 선물한 책은 대부분 한 장도 넘어가지 못하고 책장 어딘가에 깊숙이 처박힐 가능성이 높다. 평소 독서를 많이 하거나 SNS를 활발히 하거나, 자기계발에 관심 있는 지인에게 주면 포스팅이나 홍보를 해 줄 수 있으니 그런 사람을 전략적으로 공략하자.

2. 회사 동료

회사 선후배라고 무조건 주기보다 책을 사서 가지고 오면 감사의 의미로 저자 사인도 해주고 밥과 커피를 사겠다고 제안 하는 게 좋다. 동료 입장에서는 책값을 밥과 커피로 회수할 수 있으니 좋고 작가 입장에서는 판매지수가 올라갈 수 있다. 또한 회사에서 자주 보는 관계니 자연스럽게 서평도 부탁하고 실제 작성 여부를 실시간 확인도 할 수 있으니 여러모로 좋다.

특히 교육이나 홍보 관련 업무를 하고 있거나 사내강의를 하는 사람은 무조건 부탁하자. 그리고 평소 아이디어가 많고 실행력이 좋은 동료도 집중적으로 공략하자. 회사에서 교육이나 홍보를 담당하는 직원들은 평균적으로 책을 많이 읽는 편이고 회사에서 특강 섭외를 담당하기 때문에 강의 요청을 해올 수도 있다. 특히 사내 인트라넷 공지나 회사에서 운영하는 SNS에 포스팅된다면 홍보에 도움이 될 수 있다.

3. 인터넷 카페, 블로그

보통 유명 카페 서평 이벤트는 출판사에서 진행한다. 작가가 접근해야 하는 곳은 내가 가입된 카페나 블로그, 밴드, 카카오톡 단체방 등을 통해 알리면 좋다. 특히 내가 가입되어 있는 커뮤니티에 직접 포스팅하기보다 카페에 이미 가입되어 있는 지인에게 부탁해 포스팅하면 민망하지도 않고 자연스럽게 홍보가 된다.

4. 강의 전문 사이트 홍보

소규모, 대규모 강의 기획과 운영을 전문으로 하는 기관이 있다면 출판사와 잘 협의해서 진행 가능 여부를 검토해 보자.

5. 유튜브 강의 제작

책 주제 관련 영상 자료를 만들어서 유튜브에 노출하는 방법도 좋다. 대도서관이나 유명 북튜버는 아니더라도 자기 분야에서 나만의 이야기를 주기적으로 올리면 빠른 시간 내 의외로 많은 홍보가 될 수 있다. 다음 책을 위해서라도 나만의 채널을 운영하는 것도 긍정적으로 검토하자.

6. 강의나 언론사 칼럼

출간 후 처음에는 돈에 구속되지 말고 홍보에 올인하자. 무료 강연 제안이 들어오면 맨발로도 달려가고, 무료 원고 청탁이 들어오더라도 고마운 마음으로 글을 보내자. 각종 언론사에서 독자 기고 코너를 찾아 이메일을 보내 나의 책 내용을 간접적으로 홍보하자. 그 노력의 결실이 언젠가는 분명 돌아온다.

7. 강연 가능 기관 찾기

책을 출간하고 나서는 방송국, 백화점 문화센터, 도서관, 구청, 주민 센터, 강연 전문 유튜브 채널 담당자에게 메일을 보내자. 가까운 곳은 직접 연락하고 찾아가자. 내 책을 설명하고 무료 강연이라도 의뢰하자. 그래서 결국 방송에 출현하거나 신문사 인터뷰 기사가 나는 기회를 잡기 위해 노력하자.

간혹 작가가 직접 책을 홍보하면 품격이 떨어지거나 창피한 일이라고 생각하는 경우가 있다. 하지만 요즘처럼 책 한 권 팔기 어려운 세상에 어디에서도 자신이 쓴 책에 대해 자신 있게 이야기 할 수 있는 저자가 필요하다.

출판사에서 진행하는 획일적인 광고나 홍보 활동보다 저자의 열정적이고 진심을 담은 홍보가 더욱 공감이 가고 먹히는 시대다. 평소 친하게 지내는 인플루언서가 있다면 밥을 사주더라도 적극적으로 홍보를 부탁하자. 도를 넘지 않는 선에서 모든 활동이 책 판매로 이어질 수 있게 부단히 노력하자. 본인이 소속되어 있는 단체나 학교, 종교 등 가능한 한 모든 방법을 동원해서 한 달 내에 내 책이 세상에 나왔음을 전국 방방곡곡에 알리자.

과거 출판사가 홍보해주던 호시절은 끝났다. 저자가 직접 온·오프라인으로 뛰어야 한다. 지금 세상은 유튜버의 시대이자 1인 콘텐츠 크리에이터 시대라는 것을 잊지 말자.

SNS로
알려 볼까?

시간이 흐르면 흐를수록 확실히 SNS의 영향력이 커지고 있음을 실감한다. 평소 SNS에 관심이 없던 사람들도 자신의 책을 쓰기 시작하면서 당장 SNS 계정을 만들기 시작한다. 하지만 내 책을 알리기 위해 계정을 만들었더라도 너무 홍보에만 집중하면 사람들이 모이지 않는다. 의미 있는 정보를 나누고 진심을 담아 댓글로 실시간 소통해야 진짜 의사소통이 이루어진다. 그렇다면 내 입장을 명확히 하는 게 좋다.

• 나이도 있고 SNS가 체질적으로 맞지 않는 경우 콘텐츠에

대결하겠다면 SNS에 신경을 쓰지 말고 좋은 책을 계속 내는 데 올인하면 된다.

• 기존에 SNS 채널을 운영하고 있거나 열심히 할 의향이 있다면 카페, 블로그, 페이스북, 인스타, 유튜브 등 가장 자신 있는 채널을 통해 집중적으로 홍보하자.

그리고 책이 나오면 온·오프라인으로 입체적으로 홍보하는 게 가장 좋다. 지인 문자, 이메일 리스트를 미리 정리해 두자. 출판사와 확인을 거쳐 책 출간일(교보, YES24, 알라딘, 인터파크, 영풍문고 등)을 디데이로 삼고 그 날 내가 가동할 수 있는 모든 방법을 통해 내 책이 세상에 나왔음을 알리면 된다. 그리고 책이 출간되면 YES24, 알라딘, 인터파크 등의 실시간 판매지수를 확인하며 실시간 확인을 통해 시장 반응을 모니터링할 수 있다.

여러 채널을 동시에 운영해도 좋지만 바쁜 직장인은 '선택과 집중'을 통해 내게 맞는 플랫폼부터 하나씩 해보는 방법도 좋다. 그럼 구체적으로 어떤 온라인 채널이 있는지 알아보자.

1. 블로그, 카페

블로그, 카페는 사람들이 가장 무난하게 이용할 수 있는 플랫폼이다. 평소 자기 생각이나 책 내용을 틈틈이 글로 남기면 된다. 글을 쓸 때 지루하지 않도록 사진과 함께 정리하면 좋다.

2. 인스타그램, 페이스북

요즘은 인스타그램도 인기다. 인스타그램은 먹스타그램이라고 불릴 정도로 사진과 함께 자신의 단상을 순간순간 정리할 수 있는 장점이 있다. 인스타그램 스타 작가라는 말이 있을 정도로 특히 젊은 층에서 많이 활용하고 있다. 페이스북은 개인 사생활이 많이 노출되어 이용자가 줄어드는 편이다. 하지만 그 파급력과 확장성은 인정할 수밖에 없다.

3. 유튜브

요즘 가장 주목을 많이 받는 채널이다. 한국인이 사랑하는 네이버의 아성도 무너뜨리는 것은 시간 문제라는 말도 있다. 예전에는 책을 중심으로 여러 매체로 뻗어 나가는 형태였지만 최근에는 콘텐츠를 중심으로 그 콘텐츠를 홍보하는 한 창구로써 책이 활용되는 분위기다. 체인지그라운드, 책그림 등 북튜브들도 많이 활동하고 있다. 유튜브는 특히 10~30대는 기본이고 사용 연령이 60대 이상으로 점차 높아지고 있다. 현재 운

영하고 있는 SNS 채널이 없다면 장기적으로 유튜브를 검토해
보자.

내가 쓰고 있는 책의 한 꼭지를 한 회 분량으로 40회 정도
만드는 방법도 좋을 것이다.

4. 브런치

브런치(Brunch, www.brunch.co.kr)라는 사이트다. '글이 작품
이 되는 공간'이라는 슬로건에 맞게 작가를 꿈꾸는 사람들이
많다. 예비 작가는 물론 기성 작가도 꼭 해야 할 채널로 알려
져 있다. 자신의 책이 출간되기 전에 미리 글을 올려 독자들의
반응을 알아볼 수 있고 구독자가 많으면 책 출간과 함께 구매
로 이어지기도 한다. 작가뿐만 아니라 출판사까지 참여해 좋
은 작가를 발굴하고 출판까지 이어지는 일련의 생태계가 구축
되어 있다.

출판사 입장에서는 투고가 오면 예비 작가의 SNS 팔로우
숫자를 궁금해한다. 판매와 직결되기 때문이다. 특히 에세이
분야는 팔로우가 많은 사람이 베스트셀러에 오를 확률이 높
다. SNS 시인으로 유명한 하상욱 작가도 팔로우가 수십만 명
에 달했다. 그의 시집은 1, 2권을 합쳐 23만 부 이상 판매되었

다. 특히 교보문고 집계로 10년간(2004~2014) 시집들 가운데 총 판매 순위가 4위라고 하니 SNS의 위력은 대단하다.

어쨌거나 작가의 길로 들어섰다면 독자와 내가 직접적으로 소통할 수 있는 채널을 만들어야 한다. 단, SNS는 최소 6개월에서 1년 이상 길게 보고 시작해야 한다. 손품과 정성이 많이 들어 단기간에 성과를 만들 수 없다. 느리지만 꾸준하게 콘텐츠를 올리고 진성팬을 확보한다는 각오로 스트레스받지 말고 편하게 시작하자.

당장 홍보를 하려고 하면 독자와 멀어진다. 진정성을 가지고 마음으로 접근하자. 내가 돈을 벌려고 하기보다 내가 가진 지식을 진심으로 내어주고 다른 사람의 성공을 돕겠다는 마음을 사람들에게 전달하자.

책의 완성은 디테일에 달렸다

책 쓰기는 디테일이다. 사실 작가의 삶을 선택했다면 좀 더 섬세하고 꼼꼼해야 한다. 그래야 3개월 안에 끝낼 수 있고, 원고의 콘텐츠도 단단해진다. 내가 쓰는 책의 타깃 독자의 마음을 생각하며 책을 써 내려가야 한다. 책 쓰기 1도 몰랐던 나는 맨땅에 헤딩하고 피 흘리며 쓰러졌다. 지금 돌이켜 보니 육체적, 정신적 고통을 통해 그렇게 작가가 되어가는 과정이었다. 하지만 여러분은 넘어지더라도 조금이라도 덜 아팠으면 좋겠다. 그리고 무엇보다 직장인은 바쁘다. 그런 마음으로 몇 가지 도움이 될 만한 정보를 키워드 중심으로 정리해 보았다.

1) 나의 신조나 사명서를 만들고 세상에 선포하기

'삶은 속도가 아니라 방향'이다. 당신은 왜 책을 쓰려고 하는가? 돈을 벌고 싶은가? 세상에 선한 영향력을 미치고 싶은가? 어쨌든 좋다. 어떤 시련이 와도 흔들리지 않는 나만의 개똥철학, 영혼을 담은 신조를 만들어보자. 3개월의 책 쓰기 기간 동안 흔들리는 정신력을 잡아주는 훌륭한 스

승이 되어 줄 것이다. 공개하기에 부끄럽지만 이해를 돕기
위해 나의 신조를 소개해 본다.

나의 신조

1. 나는 풍요롭고 행복한 세상에 태어나게 해주신 부모
님께 항상 감사드리며 긍정적인 삶을 살아갈 것이다.

2. 나는 삶의 전부인 아내와 딸을 사랑하고 가족, 친인
척, 지인, 직장 동료, 선후배, 인류, 자연 등 모든 사람과 생
명체에 행복을 전하며 살 것이다.

3. 나는 죽기 전에 후회 없는 삶을 살기 위해 가정에서는
자상한 남편이자 아빠, 사회에서는 능력과 겸손을 갖춘 사
람이 될 것이다.

4. 나는 적절한 운동을 통해 체중과 건강을 관리하고 음
주는 가급적 줄이고 건강한 삶을 살 것이다.

5. 나는 모든 일에 열정은 갖되 자만하지 않고, 의욕은
갖되 떠벌리지 않고 일에 힘쓰되 경솔하지 않는 사람이 될
것이다.

6. 나는 화려한 말보다는 행동과 성과를 보여주는 사람
이 될 것이며, 모든 사람의 장점에 집중해 수시로 나를 고
쳐나갈 것이다

7. 나는 부족한 인성과 능력을 극복하기 위해 평생 배움을 게을리하지 않을 것이며 특히 글로벌 역량을 갖추어 나갈 것이다

8. 나는 다양한 분야의 독서를 통해 과거의 나를 만나고, 현재를 직시하며, 미래를 내다보는 지혜를 갖추어 나갈 것이다

9. 나는 책을 통해 세상과 소통하며 선한 영향력을 미칠 수 있게 노력할 것이다

10. 나는 신조를 매일 읽어 초심을 잃지 않고 나날이 성장하는 삶을 살 것이다

- 김태윤

2) 다이어리(일정 관리)

개인 다이어리에 나의 인생 마스터 플랜을 적자. 연간, 월간, 주간, 일간 계획으로 잘게 나눠 마감효과를 통해 긴장감을 높이자. 무엇보다 진도표를 만들자. 이왕이면 엑셀 표로 만들고 A3용지 크기로 크게 뽑자. 다이어리에도, 작업하는 방에도 눈에 보이게 크게 붙여 놓고 목차에 빨간색 형광펜으로 칠해 나가며 진도를 확인하자.

그리고 탁상용 캘린더에도 매일 책 쓰기 작업을 한 총

시간과 완료한 목차 숫자를 동시에 표기하자. 평일 3시간, 주말 8시간 이상 집필한 완벽한 시간에는 제일 좋아하는 색깔을 칠하자. 개인적으로 최고, 보통, 실망이라는 세 가지 의무 작업 시간 테이블을 만들고 신호등의 세 가지 색처럼 구분해서 표기하자. 힘든 고행길을 걷고 있는 내 행동을 자극하고, 나의 외로운 시간을 지배할 것이다.

3) 뒷말보다 책 쓰기

직장 생활을 한 사람이라면 알 것이다. 상사나 회사 사람 뒷말의 묘미를. 하지만 순간만 모면하는 방법이다. 근본적인 문제는 해결되지 않는다. 오늘부터라도 뒷말 대신 그 시간에 책을 쓰자. 나는 그런 상사가 되지 않겠다면 그 해결책을 글로 남겨보면 어떨까. 그러면 당신은 시간이 지나 똑같은 상사, 꼰대가 아닌 성과를 내는 사람, 존경받는 상사, 자신의 업무를 책으로 정리한 진짜 전문가가 되어 있을 것이다.

4) 자료 은행 만들기

오늘부터라도 글감이 될 만한 자료를 카테고리화 해보자. 컴퓨터에 자료 은행을 만들고 내가 은행장이 되자. 예를 들면 '4차 산업혁명', '빅데이터', '행복', '독서', '자기계발', '기획력 향상' 어떤 키워드도 상관없다. 내 업무나 향후 쓰고자 하는 책의 주제에 맞는 키워드를 만들면 된다. 나는 20년간 두 개의 신문을 보고 중요 내용은 스크랩해 두는 습관이 있다. 어떤 것이라도 좋다. 지식의 양이 질을 결정한다.

그리고 책을 쓰는 3개월 동안 필요한 자료를 모으고 정리하는 시간은 거의 두 달이나 걸리는 고행이다. 평소 수집한 자료가 쌓여 어느 정도 양이 차면 다음 책을 만드는 데 엄청난 시간을 절약해줄 것이다.

5) 책 쓰기 관련 도서 구매는 실전서 위주로 보기

책 쓰기 서적을 보다 보면 '성공해서 책을 쓰는 게 아니라 책을 쓰면 성공한다', '하면 된다', '부자가 된다' 등 동기부여만 잔뜩 쓴 책보다 실질적으로 도움이 되는 실전서를 구매해서 공부하고 실천하자.

6) 이기적 이타주의자 되기

나는 성격상 그동안 직장에서도 사회에서도 모든 사람을 만족시키기 위해 노력했다. 하지만 직장 생활을 20년 정도하다 보니 다른 사람을 변화시키기는 진작 포기해야 한다는 사실을 몸소 느낄 수 있었다.

　차라리 매사에 부정적인 사람, 다른 사람의 가슴에 비수를 꽂으며 공격만 사람, 대안 없이 반대만 하는 사람, 앞이 아니라 뒤에서 험담하는 사람을 멀리하자. 새로운 걸 도입하고 학습하는 걸 거부하고 두려워하는 사람 말이다. 이런 사람을 오늘부터 감정 뱀파이어로 규정하고 가급적 멀리하자.

　만나서 즐거운 친구, 긍정적 영감을 주는 사람만 만나자. 그렇게 살기에도 우리 인생은 너무 짧다. 오늘부터라도 '이기적 이타주의자'가 되자.

7) 나를 찾아가는 행복한 여행을 즐기기

　3개월이 누군가에게는 너무 힘든 고통이 될 수 있다. 하지만 평생 살아오면서 나 자신이 이렇게 뜨거웠던 적이 있었나? 나는 없었다. 사회가 만들어 놓은 기준에 맞추기 위해 괴물처럼 살아왔다. 학력고사, 수능, 학점, 토익, 취업, 스펙 쌓기, 내 집 마련 등등 세상이 원하는 대로 내 몸을 카멜레온처럼 바꾸며 고단하게 살아왔다. 이제는 그렇게 살지 말자. 나를 위해 살자. 책 쓰기는 나를 찾아 떠나는 행복한 여행이다. 어느 누구도 당신에게 책을 내라고 강요하지 않는다. 선택은 오롯이 나의 몫이다.

소명_
선한 영향력의 힘

8장

작가는 평생
현역으로 산다

책 쓰기로
100세 인생 준비 시작

변화의 출발점은 나로부터

모두가 세상을 바꾸려고 하지만
아무도 자신을 바꾸려고 하지는 않는다
- 레프 톨스토이 -

나는 책을 쓰기 전에는 세상을 바꾸겠다고 살았다. 하지만
책을 쓰면서 자신이 바꾸는 게 더 중요하고 어려웠다. 나는 직
장 생활을 20여 년 넘게 했다. 회사에서 인정받기 위해, 아니

잘리지 않기 위해서라는 말이 더 솔직한 표현이다. 책을 쓰게 된 동기도 '책 쓰기가 자기 계발의 끝판왕'이라는 말을 듣고 이번 기회에 책 쓰고 지긋지긋한 자기계발을 끝내리라는 오기가 작동했다.

직장인들은 각자 자기의 전문 분야가 있다. '1만 시간의 법칙'이라는 말이 있듯이 10여 년간 같은 업무를 했다면 그 사람은 그 분야의 전문가라고 할 수 있다. 각자 '생활의 달인'처럼 자신만의 성공 경험을 바탕으로 책의 주제를 잡아야 한다. 그 분야의 책을 씀으로써 그 분야의 정상에 올라설 수 있다.

또한 책 쓰기는 나이에 상관없이 언제든 진짜 공부를 할 수 있고 평생 현역으로 사는 유일한 방법이다. 책을 한 번이라도 내 본 사람은 알게 될 것이다. 책 쓰기도 자전거와 같아 처음 쓰는 게 어렵지 한 번 쓰고 나면 쉽다. 그래서 첫 책 쓰는게 어렵지 두 번째 책부터는 쉽다는 말이 있다. 오랫동안 타지 않아도 금세 자전거를 탈 수 있다. 내 몸에 체화되었기 때문이다. 책 쓰기라는 일련의 과정을 몸소 배우고 느꼈다면 물고기 잡는 법을 배우는 것과 같다. 한 번 배운 책 쓰기 기술은 평생 혼자서도 잘 할 수 있게 한다.

직장 생활을 시작하면서 명함을 받는다. 하지만 다른 부서로 옮기고 나면 기존 명함은 버려지는 쓰레기가 된다. 명함은 조직에서 내 역할을 표시한 종이에 지나지 않는다. 반면 작가라는 타이틀은 순수하게 내가 만든 명함이다. 조직에서 내 직급을 박탈할 수 있고, 길거리로 하루아침에 내칠 수도 있다. 하지만 작가라는 타이틀은 평생 나의 든든한 후원자가 되어줄 것이다. 그동안 직장 선배들을 보다 보면 조직에 헌신하다가 어느 순간 헌신짝처럼 버려지는 모습을 많이 보았다. 언젠가 미래의 내 모습이라고 생각하면 하루빨리 책으로 퍼스널 브랜딩을 하고 내 이름을 세상에 알려야 한다.

책 쓰기는 최고의 학위이자 자기소개서

또한 책 쓰기는 '삶이 주는 최고의 학위'다. 더 이상 당신은 이력서도 프로필도 필요 없게 된다. 당신 이름으로 된 책 한 권이 '당신의 모든 것을 입증해주기 때문'이다. 책 쓰기가 최고의 자기소개서인 셈이다.

네이버 등 포털에 등록하려면 예전에는 작가라고 하면 대부분 등재되었다고 한다. 하지만 최근에는 등재 기준이 많이 상향되었다고 한다. "포털에 제 이름을 치면 보입니다."라고 소개하는 사람들이 마냥 부럽기만 했다. 베스트셀러가 된 작가의 경우 등록해 준다니 여러분도 한 번 도전해 보는 건 어떨까? 지금 최고의 강연자로 대우받는 김미경 강사나 공병호 소장도 책을 통해 1인 기업가로 인정받을 수 있었다.

있잖아
불행하다고 한숨 짓지 마
햇살과 산들바람은 한쪽 편만 들지 않아
꿈은 평등하게 꿀 수 있는 거야
나도 괴로운 일 많지만 살아 있어 좋았어
너도 약해 지지마
- 시바타 도요 -

일본 작가 시바타 도요가 쓴 『약해 지지마』라는 작품이다. 그녀가 처음으로 책을 출간한 나이가 100세를 앞둔 99세였다. 그녀는 90세에 아들의 권유로 글쓰기를 처음 시작해 99세에 첫 시집을 출간했다. 시집은 장르 특성상 1만 부만 팔려도 선방이라는 일본에서 158만 부가 판매되며 사회적으로 많은 반향을 불러일으켰다.

꿈을 갖고 배우며 변화를 도모하기에 너무 늦은 때란 없다

– 시어도어 루빈 –

늦었다고 생각할 때가 가장 빠른 시기라는 말이 있다. 이를 몸소 실천한 시바타 도요의 사례는 우리에게 많은 시사점을 던져 준다. 그녀는 단순히 나이를 극복한 것이 아니고 사회가 만들어 놓은 기준과 자신을 넘어선 것이다.

오늘이 책 쓰기에 가장 좋은 날이다

문예창작학과를 졸업하고, 문학박사 학위를 따고 나서 쓸 수 있는 게 아니다. 내 남은 인생의 가장 젊은 날, 오늘이 책 쓰기에 가장 좋은 날이다.

지금 직장 다닐 때 월급이 꼬박꼬박 들어올 때 인생 후반전을 부담 없이 준비하자. 코로나 시대 내 일자리가 위협을 받고 있다면 지금 당장 책을 쓰자. 아무리 일이 힘들더라도 사표를 쓰기 전에 내 책을 낸다는 각오로 삶에 임하자. 부의 시스템을 만들고 편안한 노후를 준비하자. 현재의 순간순간을 충실하게 준비하지 않으면 언젠가 불행한 나를 마주하게 될 것이다.

작가로
산다는 것

책을 안 쓴 사람은 있어도 한 번만 쓴 사람은 없다

책이 출간되고 나면 시원함과 섭섭함이 뒤섞인 묘한 기분이 든다. 마치 잘 키운 딸아이를 시집보내는 기분이라고 할까? 어쨌든 책은 계속 써야 한다. 세상에 '책을 안 쓴 사람은 있어도 한 번만 쓴 사람은 없다'라는 말이 있다. 가수도 1집 음반만 내면 가수로서 생명력을 곧 상실하듯이 지속해서 세상을 향해 내 메시지를 내겠다는 자세가 필요하다.

앞으로 직장인의 자기계발 수단으로 '1인 1책 시대'가 도래하여 책 쓰기 시장이 점점 커질 것이다. 앞으로 태어나 이 세상의 주인공이 될 손자, 손녀를 위해 할아버지, 할머니로서 아름다운 글 유산을 물려주자.

'할아버지, 할머니가 이런 삶을 사셨구나'. '이런 가치관을 손주에게 들려주려고 하셨구나'라며 나를 좀 더 오랫동안 기억해 주지 않을까?

아파트와 빌딩처럼 재산은 내가 죽으면 자식에게 명의가 이전 된다. 하지만 내가 쓴 책은 내 이름 석 자가 영원히 남아 있게 된다. 내가 이 세상에 없더라도 학교 도서관이든 동네 도서관이든 나의 정신은 살아 숨 쉬게 될 것이다. 생면부지의 사람에게 읽히고 그들의 삶에 어떤 형태로든 영향을 미칠 것이다.

나는 머지않아 사라지겠지만 책은 영원히 남을 것이다
– 에드워드 기번, 『로마제국쇠망사』 저자 –

그러므로 작가는 평범한 사람이 아니다. 남다른 고민을 하고 평범한 삶을 거부하는 사람이어야 한다.

글쓰기는 치유다

글쓰기는 치유 효과가 있다는 것을 몸소 느끼고 있다. 이 세상에 하고 싶은 말을 글로 풀어내면서 왠지 내 몸이 깨끗해지고 가벼워지는 경험을 했기 때문이다. 책을 쓰면서 업무 스트레스는 나아지고 업무 자신감은 올라가는 것을 느꼈다.

처음에는 평생소원인 책 한 권을 쓰고자 의무감과 재미, 호기심, 경제적으로 도움이 될까 해서 쓰기 시작했다. 하지만 시간이 지나면 지날수록 단순한 행위가 아님을 느끼게 되었다. 가장 위대한 작가는 이해타산 없이 자신이 가진 모든 것을 내어주는 사람이 아닐까 하는 생각도 들었다.

이런 의미에서 책을 단순히 돈을 벌기 위한 수단으로 생각해서는 안 된다. 개인의 사욕만을 채우는 책은 우리나라 사회의 정신 기반 자체를 허약하게 할 수 있다. 따라서 작가라면 무겁고 진중한 자세로 책을 써야 한다.

책을 쓰는 것은 다른 사람의 삶에 영향을 미치는 작업만은 아니다.

책으로 인해 자신의 삶 또한 변하지 않으면 의미가 없다.

-짐 콜린스-

책 쓰기란 내면에 잠자고 있는 나의 잠재력을 깨우는 알라딘 램프의 지니와 같다. 이제 세상을 변화시키는 큰 힘을 가진 램프의 원리를 알았으니 수시로 꺼내고 닦아 일취월장하는 자세가 필요하다. 작가의 삶을 살기로 했다면 지금부터 달라져야 한다. 오늘부터 비교해야 할 대상은 회사 동료나 친구가 아니다. 그건 바로 '어제의 나'여야 한다. 어제보다 성장한 오늘을 살도록 노력해 보자. 그것이 바로 작가가 감내해야 할 숙명이다.

단 한 명이라도
행복해질 수 있다면

나이를 먹으면 먹을수록 대한민국에서 직장인으로 평범하게 산다는 것이 호락호락하지 않다는 걸 깨닫는다. 퍽퍽한 인생을 살아가면서도 나는 평소 성공의 정의가 궁금했다. 고민을 많이 했다. 사회 초년병 시절에는 회사 대표만이 성공의 유일한 출구인지 알고 임원이 되고자 가정도 소홀히 하며 열심히 일했다. 하지만 어느 순간 임원이 되는 게 하늘의 별 따기라는 냉엄한 현실을 알게 되었다. 그리고 그와 동시에 회한이 찾아왔다. 저녁이 있는 삶, 워라밸, 소확행 문화를 체감하여 소소한 일상의 행복이 더 중요하다는 것을 몸소 느끼게 되었다.

지금 나에게 성공을 정의하라면 일 년에 한 번이라도 국내외 가족 여행을 떠나는 것, 딸이 지금처럼 건강하고 예쁘게 크는 것, 20여 년 간 맞벌이하느라 온몸이 아픈 아내가 직장을 그만두고 자신이 좋아하는 단청을 그리는 아내만의 공방을 갖는 것, 어머니와 가족들이 다 건강하게 사는 것. 조금 더 이야기하면 나만의 서재를 갖는 것, 읽고 싶은 책을 평소 실컷 보는 것 정도라고 할까?

정신없이 바쁜 우리 직장인들은 무엇이 성공인지 스스로 정확하게 정의할 필요가 있다. 시간이 많이 없기 때문이다.

선택과 집중을 통해 더 늦기 전에 뭔가를 만들어 놓아야 한다. 다른 사람의 정의가 아닌 자신과 철저한 대면을 통해 나만의 성공 기준을 찾아야 한다. 개인의 가치에 따라 가정의 화목 못지않게 경제적 기반은 물론 사회적 명성도 중요할 수 있다. 그곳에서 삶의 의미를 찾는다면 나름의 뼈를 깎는 노력이 필요할 것이다.

일찍이 철강왕 앤드류 카네기는 "타인을 부자로 만들지 않고서는 아무도 부자가 될 수 없다."고 말했다. 플라톤은 "남을 행복하게 해줄 수 있는 사람만이 행복을 얻을 수 있다."고 말했다. 먼저 타인의 행복과 성공을 도우면 자연스럽게 나의 행복과 성공이 따라온다는 것이다.

건강한 아이를 낳든

작은 정원을 가꾸든

사회 환경을 개선하든

자신이 태어나기 전보다

세상을 조금이라도 더 살기 좋은 곳으로

만들어 놓고 떠나는 것

자신이 한때 이곳에 살아서

단 한 사람의 인생이라도 행복해지는 것

이것이 진정한 성공이다

-랄프 왈도 에머슨

이 시대를 살아가는 우리에게 무엇이 진정한 성공일까? 개인마다 살아온 역사가 다르고 환경이 다르기 때문에 정답은 없을 것이다. 다만 내가 이 세상에 존재함으로써 단 한 사람이라도 더 행복해진다면, 그것이 진짜 성공이 아닐까? 그런 의미에서 '세상에 선한 영향력'을 성공의 기준으로 삼은 예비 작가인 우리들은 스스로 고통스런 작가의 길을 선택했다.

세상에는 '두 번의 의미 있는 날'이 있다고 한다. 첫 번째는

'내가 태어난 날', 두 번째는 '내가 태어난 이유를 알게 된 날'이라고 한다. 나는 여기에 하나를 더 추가하고자 한다.

'내 이름으로 된 책이 이 세상에 나온 날'

최고의 날은 아직 오지 않았고, 내 최고의 작품은 아직 써지지 않았다. 그러니 당신도 지금 당장 책을 쓰자!

참고자료

도서

서현관, 『책 쓰기 꼬박 꼬박 월급 나올 때 시작하라』, 다할미디어, 2017

이혁백, 『하루 1시간 책 쓰기의 힘』, 레드베어, 2016

이임복, 『당신의 책으로 당신을 말하라』, 영진미디어, 2013

김병완, 『김병완의 책 쓰기 혁명』, 아템포, 2014

김병완, 『책 쓰기 학교 인생을 바꾸다』, 북씽크, 2017

양춘미, 『출판사 에디터가 알려주는 책 쓰기 기술』, 카시오페아, 2018

양병무, 『일생에 한권 책을 써라』, 21세기북스, 2012

남이영, 『나도 작가다』, 와이즈북, 2016

송숙희, 『당신의 책을 가져라』, 국일미디어, 2017

전주양, 『글쓰기로 부업하라』, 마음세상, 2017

이상민, 『책 쓰기의 정석』, 라의눈, 2017

김우태, 『내 인생의 첫 책 쓰기』, 더블:엔, 2017

김준호, 『1인1책 베스트셀러에 도전하라』, 나눔북스, 2016

정혜윤, 『작가를 위한 집필 안내서』, SISO, 2018

강원국, 『강원국의 글쓰기』, 메디치, 2018

김태윤, 『유대인 교육의 오래된 비밀』, 북카라반, 2020

김태윤, 『토닥토닥 마흔이 마흔에게』, 고즈윈, 2018

서현관, 『책 쓰기 꼬박꼬박 월급 나올 때 시작하라』, 다할미디어, 2018

참고기사

민승규, 「(매경춘추) 기적을 이루는 꿈」, 《매일경제》, 2011.03.03

유지연, 「나만의 은신처가 필요해⋯'케렌시아' 트렌드 열풍」, 《중앙일보》, 2018.01.29.

예스24, 「2020년 상반기 베스트셀러 분석 및 도서판매 동향 발표」, 《채널예스》, 2020.06.02

권익도, 「"모든 책은 연결"⋯독서로 '생각 근육' 키워라」, 《뉴스토마토》, 2018.03.08

천인성, 「(이범수 의장), 검색보다 사색이다」, 《중앙일보》, 2013.01.23.

이영경, 「성인 독서율 줄어든 까닭⋯'스마트폰 보느라'」, 《경향신문》, 2020.03.11.

정철운, 「신문 구독률 6.4% '사상 최저'」, 《미디어오늘》, 2020.01.10.

윤상환, 「신문 많이 읽는 국가가 부정부패 사회갈등 적다」, 《매일경제》, 2011.04.06.

이승환, 「(신달자 시인) 모니터는 그저 보는 것 뿐⋯」, 《매일경제》, 2011.04.06.

이후남, 「(심훈교수) 구독료 영수증 가져오세요⋯」, 《중앙일보》, 2012.06.04

윤상환, 「(정병국 장관), 신문 읽어야 사색하는 능력 생겨요」, 《매일경제》, 2011.04.21

방송·영상·강연

이상민, 〈책 쓰기 특강〉, 이상민 책 쓰기 연구소

강원국, 〈2050 미래교육 포럼〉, 내일학교

서현관, 〈책 쓰기 꼬박 꼬박 월급 나올 때 시작하라〉, 책 쓰기 TV

평범함 내 이야기도 팔리는 글이 되는
초단기 책 쓰기의 기술

작가는 처음이라

초판 1쇄 인쇄 2020년 9월 23일
초판 1쇄 발행 2020년 9월 29일

지은이 김태윤
펴낸이 김선식

경영총괄 김은영
책임편집 박현미 **디자인** 마가림 **크로스교정** 이영진 **책임마케터** 최혜령
콘텐츠개발5팀장 박현미 **콘텐츠개발5팀** 봉선미, 마가림, 차혜린, 이영진
마케팅본부장 이주화 **채널마케팅팀** 최혜령, 권장규, 이고은, 박태준, 박지수, 기명리
미디어홍보팀 정명찬, 최두영, 허지호, 김은지, 박재연
저작권팀 한승빈, 김재원
경영관리본부 허대우, 하미선, 박상민, 김형준, 윤이경, 권송이, 김재경, 최완규, 이우철

펴낸곳 다산북스 **출판등록** 2005년 12월 23일 제313-2005-00277호
주소 경기도 파주시 회동길 357 3층
전화 02-704-1724
팩스 02-703-2219 **이메일** dasanbooks@dasanbooks.com
홈페이지 www.dasanbooks.com **블로그** blog.naver.com/dasan_books
종이 (주)한솔피앤에스 **출력·인쇄** (주)갑우문화사 **후가공** 평창P&G **제본** 정문 바인텍

ISBN 979-11-306-3173-8(03190)

· 책값은 뒤표지에 있습니다.
· 파본은 구입하신 서점에서 교환해드립니다.
· 이 책은 저작권법에 의하여 보호를 받는 저작물이므로 무단 전재와 복제를 금합니다.
· 이 도서의 국립중앙도서관 출판시도서목록(CIP)은 서지정보유통지원시스템 홈페이지(http://seoji.nl.go.kr)와
  국가자료공동목록시스템(http://www.nl.go.kr/kolisnet)에서 이용하실 수 있습니다. (CIP제어번호: CIP2020029462)

다산북스(DASANBOOKS)는 독자 여러분의 책에 관한 아이디어와 원고 투고를 기쁜 마음으로 기다리고 있습니다.
책 출간을 원하는 아이디어가 있으신 분은 다산북스 홈페이지 '투고원고'란으로 간단한 개요와 취지, 연락처 등을 보
내주세요. 머뭇거리지 말고 문을 두드리세요.